现代大学生心理健康教育理论与实践研究

李清源　吕　捷◎著

吉林出版集团股份有限公司
全国百佳图书出版单位

图书在版编目（CIP）数据

现代大学生心理健康教育理论与实践研究 / 李清源，吕捷著 . -- 长春：吉林出版集团股份有限公司，2022.11

ISBN 978-7-5731-2772-3

Ⅰ.①现… Ⅱ.①李… ②吕… Ⅲ.①大学生 – 心理健康 – 健康教育 – 研究 Ⅳ.① G444

中国版本图书馆 CIP 数据核字 (2022) 第 220844 号

现代大学生心理健康教育理论与实践研究
XIANDAI DAXUESHENG XINLI JIANKANG JIAOYU LILUN YU SHIJIAN YANJIU

著　　者	李清源　吕　捷
责任编辑	祖　航
封面设计	李　伟
开　　本	710mm×1000mm　　1/16
字　　数	210 千
印　　张	11.5
版　　次	2023 年 9 月第 1 版
印　　次	2023 年 9 月第 1 次印刷
印　　刷	天津和萱印刷有限公司

出　　版	吉林出版集团股份有限公司
发　　行	吉林出版集团股份有限公司
地　　址	吉林省长春市福祉大路 5788 号
邮　　编	130000
电　　话	0431-81629968
邮　　箱	11915286@qq.com
书　　号	ISBN 978-7-5731-2772-3
定　　价	69.00 元

版权所有　翻印必究

作者简介

李清源 女，本科毕业于南京师范大学法学专业，硕士毕业于南开大学行政管理专业，现为东南大学成贤学院讲师。发表期刊论文 20 余篇，参与主持校级课题 6 项，市级课题 3 项。

吕　捷 男，2003 年毕业于南京医科大学精神卫生专业，本科学历，现为南京市佑安医院精神科副主任医师、南京医科大学附属逸夫医院医学心理科心理治疗师、江苏省医学会精神医学分会委员、江苏省医师协会精神科医师分会委员、江苏省社会工作协会心理健康委员会理事、南京医学会物理医学与康复学分会委员，江苏省社会工作领军人才，江苏省民政厅社会事务领域专家库成员，南京理工大学 MSW 硕士生导师。曾赴日本八幡厚生病院研修。发表核心期刊论文 6 篇，擅长焦虑、抑郁、睡眠障碍、精神分裂症等心理疾病的治疗、康复与家庭社会关系调适。

前 言

大学生是祖国的未来，是社会的栋梁，是人类进步的希望。大学生学业负担重，时常有来自社会、家庭的各种压力，他们需要温暖、关怀、支持、指导。

提升心理素质是新时代大学生的迫切需求。大学生心理健康教育课程是高校心理健康教育的主阵地。如何针对高校大学生心理特点，加强人文关怀与心理疏导，激发大学生成长动力，增强对中国本土心理文化的内在认同，铸造大学生自尊自信、理性平和的心理品格，是大学生心理健康教育课程教学改革的重点和难点。

本书共八章。李清源负责第一章至第五章，约12万字，吕捷负责第六章至第八章，约8万字。第一章为心理与心理健康，包括心理概述、大学生心理发展规律和大学生心理健康与标准三方面的内容；第二章为大学生自我意识，包括自我意识概述、大学生自我意识的偏差和大学生自我意识的完善等内容；第三章从情绪概述、大学生情绪问题、大学生情绪管理三方面阐释了大学生情绪管理与心理健康的关系；第四章为大学生人际交往与心理健康，包括人际交往概述与人际交往能力的培养两方面的内容；第五章为大学生恋爱心理与性心理，从大学生恋爱心理、大学生恋爱问题与调整两个方面来说明；第六章为大学生网络心理健康，包括大学生与互联网、大学生网络行为现状、大学生网络心理问题与调整等内容；第七章为心理危机的预防和干预，主要介绍了心理危机概述、大学生心理危机的预防与干预、大学生心理咨询等内容；第八章为大学生就业心理与创业心理，包括就业与创业概述、大学生就业心理调适、大学生创业心理指导等内容。

在撰写本书的过程中,作者得到了许多专家学者的帮助和指导,参考了大量的学术文献,在此表示真诚的感谢。

李清源

2022 年 4 月

目 录

第一章　心理与心理健康 ... 1
- 第一节　心理概述 ... 1
- 第二节　大学生心理发展规律 ... 6
- 第三节　大学生心理健康与标准 ... 9

第二章　大学生自我意识 ... 17
- 第一节　自我意识概述 ... 17
- 第二节　大学生自我意识的偏差 ... 28
- 第三节　大学生自我意识的完善 ... 32

第三章　大学生情绪管理与心理健康 ... 37
- 第一节　情绪概述 ... 37
- 第二节　大学生情绪问题 ... 47
- 第三节　大学生情绪管理 ... 51

第四章　大学生人际交往与心理健康 ... 55
- 第一节　人际交往概述 ... 55
- 第二节　人际交往能力的培养 ... 62

第五章　大学生恋爱心理与性心理 ... 69
- 第一节　大学生恋爱心理 ... 69
- 第二节　大学生恋爱问题与调整 ... 77

第六章 大学生网络心理健康
第一节 大学生与互联网 ··· 93
第二节 大学生网络行为现状 ··· 99
第三节 大学生网络心理问题与调整 ·································· 102

第七章 心理危机的预防和干预
第一节 心理危机概述 ··· 111
第二节 大学生心理危机的预防与干预 ································ 117
第三节 大学生心理咨询 ··· 125

第八章 大学生就业心理与创业心理
第一节 就业与创业概述 ··· 145
第二节 大学生就业心理调适 ··· 154
第三节 大学生创业心理指导 ··· 164

参考文献 ··· 175

第一章　心理与心理健康

人的一切活动都与心理现象的存在和变化密切相关。本章从心理概述、大学生心理发展规律和大学生心理健康与标准三方面阐释了心理与心理健康。

第一节　心理概述

一、心理的本质

唯心主义者与唯物主义者在心理实质的理解方面有所差异。唯心主义者认为，心理现象实质上是一种灵魂，一种物质精神，或是一种与身体无关的"心"的活动的表现，其不因物质的存在而存在；而唯物主义者的观点是，心理现象是一种高级的物质形态属性，其在自然界中不断发展，能够将身体较为特殊的部分活动表现出来。

"心理起源于心"是我国古代一种关于心理活动的观点。孟子说："心之官则思。"[1] 荀子也说："心居中虚，以治五官。"[2] 因此在很长一段时间，人们都将心理现象理解为由心脏活动导致的一种现象，而将思考问题看作心脏的一项功能。这种观点在我国的汉字中能够被清晰地体现出来，我们可以发现，一些表示心理活动的字如忘、想、思、念、怒等，它们都与"心"有关。"心理源于脑"是我国明代时流行的另一种观点。"脑为元神之府"[3] 的观点是由我国明代著名医药学家

---

[1] 孟轲. 孟子 [M]. 福州：海峡文艺出版社，2012.
[2] 荀况. 荀子 [M]. 西宁：青海人民出版社，2002.
[3] 李时珍. 本草纲目 [M]. 太原：山西科学技术出版社，2014.

李时珍率先提出的。王清任是我国清代的著名医学家，他也曾提出"灵机、记忆不在心在脑"[①]的观点，而这个观点是其在解剖尸体与研究大脑临床病理时形成的。解剖学与临床医学在现代医学的发展下日渐成熟，使用现代医学技术对人的大脑进行一系列的生理研究之后发现，人类的任何一种心理活动都与大脑中的特定部位联系密切。在临床研究中，也发现了脑部位损伤与人心理机能变化的关系，在脑部位损伤导致人的生理机能变化的同时，人相应的某种心理活动也会受到影响。例如，智力降低与性格变得反常有可能是大脑的额叶受到了损坏，这会导致原本性格温和的人变成一个脾气暴躁的、自制力较差的人。由此可见，"心理起源于心"的观点并不正确，心理是由脑产生的，是脑的机能。

（一）心理是脑的机能

心理是脑的机能，脑是心理活动的器官。世上不存在心理与脑、思维与脑分离的状况。人的大脑是物质世界在发展过程中能够获得的最高产物，是物质世界中最为复杂的物质。心理现象是一种动物在适应环境时出现的由初级到高级的现象，它跟随神经系统一起产生并不断地发展与完善。在对人类进行心理现象产生与发展的研究时，得到了心理是由神经系统，特别是大脑活动而产生的这一结论，即人的心理活动是由神经系统操纵的。

在对人的心理与动物的心理做研究时，我们会发现人的心理与动物的心理存在一种进化与发展的关系，但尽管如此，也并不代表人的心理是由动物的心理直接演变而来的，而是由于当时动物的自然生活条件与社会生活方式发生了较大的变化，其不得不进行劳动、交流，这就促使猿脑不断发展完善，最终进化成为人脑，在完成这项转变之后，动物心理才逐渐有机会转变为人的心理。人在出生伊始就已经具备了区别于其他动物的、特有的生理机制，虽然并未发展成熟，但已经为未来的心理发展提供了最基本的保障。毋庸置疑，儿童与成人相比，由于其大脑发育的成熟程度较低，其心理活动无论是在质还是在量方面都有较大差异。一般来说，新生儿的大脑重量一般为390克，8~9个月婴儿的大脑重量一般为660克左右，2~3岁幼儿的大脑重量一般为900~1011克左右，6~7岁儿童的大脑

---

① 王清任. 医林改错 [M]. 上海：上海科学技术出版社，1966.

重量一般为1280克左右，9岁儿童的大脑重量一般为1350克左右，而当他们成长为12~13岁时，大脑重量已经达到1400克，与成人相差无几。人的心理会随着脑的发展产生由视觉与听觉演变出来的知觉与表象，在不断的发展过程中又逐渐产生了言语和思维。在对无脑儿、双脑儿与裂脑人的临床研究中，能够更进一步地说明心理与大脑之间的密切关系。由于在先天无大脑的畸形儿的脑腔里只能发现一腔浆液，连生命都无法维持，更别说会有多复杂的心理了。因此，健全的大脑是正常心理的必备条件。

（二）心理是客观现实的反映

脑作为心理活动的器官，并不直接产生心理现象。心理是在客观物质世界中大脑的反映，由此可知，心理并不理所当然地由大脑所产生。关于心理现象的产生过程，我们可以这样来概括：心理现象是指客观事物作用在人的感觉器官上，感觉器官将其传输到大脑，大脑再产生相应的活动。因此，客观世界中的客观现实是心理现象的来源与内容，若将人的心理脱离客观现实做研究，那么心理就变成了一块浮木。例如，风过留声，雁过留痕，这都是客观世界中客观现实的反映，反映是物质的普遍属性，它会随着物质发展水平的不同而呈现出不同的形式，而心理的产生则能够说明反映形式的高级化。客观现实是指客观世界中存在着的一切客观事物，它不依赖于人的心理存在，具有一定的独立性。我们可以将客观现实分为自然现实、经人类加工的现实与社会现实三类，在这三类中，第一类是包括日月星辰、山川树木、江河湖海等，第二类是与人类社会生活密切相关的工厂、车辆、工具、笔墨、纸张等，第三类是指人所处的社会所建立的制度与人所形成的社会关系，同时，包括交往与语言等方面。

20世纪20年代，有两个印度的小女孩在狼窝里被发现，其中一个约有两岁大，被解救回人类环境后没多久就去世了，另一个小女孩约有8岁，人们给她起名为卡玛拉。在卡玛拉刚回到人类社会时，还保留着动物的生活习性，不会直立行走，不会使用双手进食，害怕强光，喜欢在夜间活动。随着回归人类社会的时间越来越长，她学会了站立、行走、使用双手进食，甚至还学会了一些单词，但卡玛拉在17岁时不幸去世，那时，她的心理发展水平只能与4岁儿童持平。

尽管卡玛拉具备健全的人脑，但她在狼群中生活了多年，导致与人类社会脱节。因此，我们可以看出，心理也是需要在人类社会中产生并不断发展的，人类社会是人心理产生的必备因素。人心理的反映不是单纯的镜像式反映,而是具备能动性。人们可以通过自身的心理活动对事物的外部现象进行充分的认识,也能够对事物的本质与事物之间的联系进行准确的认识,在认识了事物之后,就能够使用认识指导自己的实践活动,并通过实践来对客观世界进行改造。

(三)心理以活动形式存在

我们将大脑主观反映出来的客观现实叫作心理,是一种映像,但它并不是虚无缥缈的,是通过人们日常活动表现出来的。因此,人们会在日常与他人的交往中察言观色,甚至揣摩他人的心理,这就是心理学形成的基础。心理活动指的就是我们在与他人交往的过程中不经意间流露出的小动作的内在表现。如果有人在内心想了某个运动,大脑就会接收到信息,从而产生动觉表象,那么身体就会在不经意间做出这个运动。不难看出,心理是一种通过大脑接收到来自客观现实中的信息后产生的一种主观反映,作为脑的机能,心理与脑具有密不可分的关系。在心理学领域,有一种说法叫作"无头脑的心理学"。这是指人们过于看重客观现实对心理产生的决定性作用,从而忽视了客观现实对人脑的依存性,这种观点是非常片面的。为了尽量不产生生物学方面的误区,人们在研究产生心理现象的原因时不能忽略客观刺激对人脑的影响。要坚定这样一个观念,即要想使人脑获得更加充分的发展,只能将人放置在人类社会中。人的心理、大脑与自然界中的客观现实是相互作用的,人们为了使自己的大脑更加灵活、思想更加前沿,就可以通过大脑对客观现实的反映来参与实践活动,改造客观世界。

(四)心理的构成

我们在教室中可以看到教室里摆放的桌椅、黑板等教学用具,这说明我们能够用视觉感知客观世界;同样,在教室中我们还可以听到同学们的欢声笑语,这是我们在利用自身的听觉感知客观世界。人类的感觉非常丰富,有视觉、听觉、嗅觉、味觉等,感觉是人对某个客观事物在大脑中形成的对于其属性的反映。在大学中进行了一段时间的学习之后我们可以发现,高等数学必须要下功夫才能掌握,外语要多听、多练、多讲,也逐渐明白大学与中学的学习模式不再相同。其中,发现、明白就属于人类的知觉,它可以反映出事物的整体属性。人们只有集中注意力,搜集学习到的经验,并进行一定的想象与思维活动,才能更好地感知事物,这就是认知活动的过程，其属于心理活动的一种。除去认知活动外，情感活动与意志活动也都属于心理活动。在人们对客观世界中的事物有所了解之后，就会根据自己对事物的感觉产生喜欢或讨厌的态度，这就是通常所说的情感过程，一般伴随着人类的认识而出现。人们在对待客观事物时，要在认识的基础上，提出处理与改造的目标并制订计划，在追求目标的过程中不断克服困难，这就是人的意志过程。人的心理差异性表现在除共性之外的个性，人们不同的心理特征表现在每个人不同的需要、理想与信念上，表现在不同的兴趣、气质与能力上，不同人所拥有的不同性格能够使人的心理各不相同。

二、大学生心理发展特征

大学生的生理状况已经基本成熟，但是，单从心理发展来看，大学生在调控情绪、社会适应等方面还有待进一步提高，如此看来，大学生只能算是"准成人"。总体来讲，大学生的心理特征可以概括为以下几点：

（一）主体意识较强

虽然国家已经开放"三孩"政策，但目前在校生中还是独生子女居多，"4+2+1"的家庭模式让他们在成长的过程中一直备受关注。与此同时，大学生的父母不仅应该重视孩子的学业教育，也要更重视对孩子个性品质方面的追求与引导。这些因素都导致大学生主体意识不断增强，他们习惯以自我为中心，面对周遭的人或事，更加关注自己的感受。进入大学，一部分大学生初次开启集体生活，他们依旧习惯张扬个性，渴望有自己独立的空间，追求自己的话语权和平等权，不懂得妥协与忍让。当个人利益与集体利益出现冲突时，他们往往倾向先考虑自己，忽略他人的感受，而这也导致大学生在建立人际关系时遇到控诉，导致人际冲突难以调节。

（二）网络依赖性较强

随着科学技术的高速发展，网络也开始进入了蓬勃发展的时期，当代大学生可以通过网络进行学习资源的获取、表达对时事新闻的观点等，他们还会通过微博、微信等 App 建立属于自己的社交圈。生活在现代的大学生，他们的父母受教育程度也较高，他们在关注孩子成长的同时，也更追求自我的实现。在这种情况下，就会导致大学生的父母对大学生的陪伴逐渐减少，有些家庭中的亲密关系甚至开始出现裂痕，这些因素的综合影响就导致了大学生的自我封闭，对网络的依赖性也随之提高，但是，虚拟网络与现实生活存在较大差异，若大学生过分地依赖虚拟世界，就越来越不容易在生活中建立社交圈与支持系统，一旦在现实生活中遇到问题，孤独感就会增加。孤独与自我封闭形成了恶性循环，此时，原本一些并不严重的问题就可能被放大到不可承受的程度，再加上大学生没有较好的心理承受能力，因此，有可能会出现较为极端的行为。

（三）竞争意识较强

目前，"00后"是大学校园的主力军，"00后"大学生的父母无论是在经济情况、个人发展还是自我意识、个人实现等方面，都相对优于"90后""80后"大学生父母。这样的家庭情况给大学生带来的优势是，他们独立自主的意识更强，更加知道自己想要什么，也更期待能够获得外界的肯定。但随着社会竞争日益激烈，无论是想要获得物质上的富足，还是精神上的成功，都变得越来越具有挑战性。想要获得更多的来自外界的认可与荣誉，就意味着大学生要更加积极主动地展示自我，所以，大学生的竞争意识更为强烈。但对自己的要求过高，也给他们带来巨大的压力。而有些大学生只知道一味地追求目标，却不懂得如何调整状态、释放压力、宣泄不良情绪，极易出现诸如自卑、敏感、偏执、焦虑等问题，从而为其健康成长带来阻碍。

第二节 大学生心理发展规律

大学生心理发展的特点具有阶段性，在不同的阶段存在着不同的差异。这一点可以从不同年级大学生的心理发展特点中体现出来。

一、入学适应阶段（适应期）

初入大学校园的大学生会发现，大学生活并没有想象中美好，生活环境、生活条件、人际关系与学习方式的变化让他们感到无所适从。中学阶段培养出来的心理机能与心理定式被破坏，只能在陌生的环境中重新建立一个新的心理结构，使自己实现心理平衡，这对于大学新生来说无疑是一个非常严峻的挑战。除此之外，大学新生对自身的变化也应该予以重视，在上文中我们提到，大学生的生理与心理发展都处在非常特殊的时期，在这个时期他们的生理与心理特点都会呈现出与其他阶段不一致的特点。在这时，他们已经具备了较强的成人感与独立性，智力与思维也呈现出高度发展的态势，与此同时，这个时期的大学生情感热切又激烈，他们还显现出了较为明显的性意识与性需要。大学生的心理特点还具有矛盾性，具体表现在他们产生的独立与依赖、交往需要与孤独、理想与现实等情感中。

因此，在大学新生的适应期，即大学一年级时，他们频繁遇到的问题就是怎样适应与中学截然不同的大学生活，以及如何在一个陌生的环境中建立新的人际关系。一个大学新生刚进入学校时，要想达到"现在我"与"过去我""未来我"的统一，就要及时察觉并正视自己的变化，争取尽早建立起清晰的自我意识，从而使自己在大学生活中不再迷茫，树立清晰的目标并为之不断努力。大学生通常会在入学后的适应期产生或多或少的心理问题，因此，这段时期可以被称为是整个大学阶段最困难的时期，若大学生长时间不适应大学生活，就会影响到自己在整个大学时期的学习与生活。每个人适应期的长短都不一样，一般来说，一学期左右的适应时间是较为正常的。

二、稳定发展阶段（发展期）

在这个阶段，大学生已经可以顺利完成教学计划规定的各项任务，自我意识水平也在不断提高，拥有了较强的自我心理调控能力，自我设计的倾向也日趋明显。他们在这一时期的生活相对平稳，能够很好地适应大学生活，相较于适应阶段，他们已经建立起了新的心理平衡，进入成长与成才的关键期，这一时期较其他两个阶段相比，时间非常充裕，会一直持续到大学毕业前。并且在这时，他们会产生各种各样不同的心理反应，但无外乎都是关于学习的，如对学习的态度、对知识的认可度、对学习的自我效能感等。大学生在这个阶段所发展的人际关系已经形成了较为稳定的局面，并且仍旧处在持续发展的过程中，这时，他们的社交圈逐渐扩大，开始显现出自己对于自尊、爱与归属的需要。因此，也正是由于大学生在这个时期对于亲密关系的需要，他们开始加入谈恋爱的队伍中。大学生会在这一时期遇到许多之前从未接触过的问题，这都需要靠自己解决。在这一阶段中，大学生还能够按照自己的方式对自己进行塑造，使自己的心理可塑性得到了极大的满足。大学生在这个阶段高发的心理问题有四个：第一，恋爱与性心理健康；第二，成才道路的选择与理想的树立；第三，大学学习目标的实现与学习态度；第四，学习方法的掌握以及学习心理结构的建设。大学生大多在稳定发展阶段形成自己的人生观，在教育方面，这个阶段也是使大学生实现教育目标的最为关键的时期。

三、准备毕业阶段（成熟期）

大学生在大学生活与学习的过程中逐渐形成了自己独特的世界观与人生观，心理也日趋成熟。准备毕业阶段是大学生在学生生涯与职业生涯中一个非常重要的过渡期，在这一时期，他们即将面临新的选择，在心理上也将面临新的挑战。但与刚入学时的适应阶段相比，由于已经接受了非常专业与严格的训练，也独自经历了校园生活带给他们的磨炼，在这种自我感大幅度提升的时期，他们对未来的人生也会有一些偏离现实的规划。大学生在这个阶段就要开始为走向社会、走向职场做准备了，这时期大学生的主要任务就是要准确评估自己在生活中的位置，以便能够更加深入地了解社会。在这一阶段中，大学生的综合素质会受到来自各个方面的考验，同时，大学生也能够在这一阶段中获得更加成熟的心理。这个阶段的大学生普遍具有急迫感、责任感与焦虑心理。

第三节 大学生心理健康与标准

一、大学生心理健康概述

（一）心理健康

心理健康是指"精神卫生""身心健康"，概括来说：心理健康是指个体在本身及环境条件许可范围内所达到的正常功能状态。即指个人心理所具有的正常的、积极的状态和同当前发展着的社会环境保持良好心理适应的能力。

以上定义的来源有两个：

（1）世界卫生组织（WHO）有关健康的定义是："健康是一种身体上、心理上和社会上的完满状态，而不只是没有躯体疾病和虚弱状态。"[1] 我们从这个定义中可以看出，身体健康、心理健康与良好的社会适应能力共同构成了健康。

健康的两个基本条件就是身体与心理，其中，身体健康是心理健康的基础和载体，心理健康为身体健康提供条件与保证，两者相互联系，彼此作用，如车之两轮、鸟之两翼，不可偏废。人的社会属性决定了一个人是否具备良好的社会适应能力，即人不仅要具备生物属性与精神状态上的健康，还要具备社会关系与社会效能方面的健康。

（2）"心理健康并不是一个十全十美的状态，而是指个体在其所生活的环境条件中与在自身状况许可的范围内能够达到的个体最好的状态。心理卫生是一种措施，它的目的是使个体通过心理卫生既能保持个体能达到的最好状态，还能减轻由外界带来的精神压力，以及能够令个体保持健康水平进行活动。"[2] 这是《简明不列颠百科全书》中提到的关于心理健康与心理卫生的观点。

由此可知，心理学界对于心理健康的定义分为了广义与狭义两个方面。广义上的心理健康是指个体拥有的一种心理状态，这种心理状态表现为积极而高效、满意且持续。而从狭义上来说，心理健康就是指个体在基本心理活动的过程与内

---

[1] 杜吉香，张亮，赵晓虎.科学健身与健美[M].哈尔滨：哈尔滨地图出版社，2005
[2] 不列颠百科全书公司.不列颠简明百科全书修订版.[M]北京：首都师范大学出版社，2016.

容方面如认知、情感、意志、行为与人格等较为完整、协调，即个体的心理活动能够较好地贴合社会发展。

（二）大学生心理健康的影响因素

大学生的心理健康状态受到各种因素的共同影响，呈现出非常复杂的动态过程。在影响大学生心理健康的众多因素中，个体生理因素、自身心理因素与环境因素是最主要的。

1.个体生理因素

生理因素主要是指人的身体和神经系统等方面的特点，而生理因素会对个体的心理状态产生影响。就像一些大学生患有先天性遗传疾病，在生理机能方面存在缺陷，不仅会影响其生理发育，还会影响其心理功能发展。例如，大学生会感觉自己在学习、生活方面力不从心，从而出现孤僻封闭、急躁冲动等个性缺陷，或者产生自卑心理。久而久之，就会产生严重的心理负担，甚至出现心理问题。

2.自身心理因素

大学生的心理是否健康，除了与生理因素有关，还与其自身的心理因素密切相关。例如，个体的应对方式、思维方式、惯常的行为模式、认知模式等都会对大学生的心理健康产生影响。除此之外，个体处理生活中的应激事件的能力也是影响大学生心理健康的重要因素。这就解释了为什么面对同样的危机，有些大学生可以顺利度过，有些大学生则陷入困境，产生强烈的负面情绪，甚至严重影响日常的学习和生活。

3.环境因素

环境因素也是影响大学生心理健康的重要因素之一。对于大学生而言，环境因素主要包括社会因素、家庭因素和学校环境因素。

社会因素主要是指社会环境中的各种因素，如社会制度、社会关系、劳动条件等。社会环境的变化对身处社会中的每一个人都会产生强烈的影响。

家庭因素主要有四种，第一为父母的教养态度与教育方法，第二为家庭的情绪氛围，第三为家庭的结构变化，第四为家庭经济状况。一个人的心理无疑都会受到这四种因素或深或浅、或多或少的影响。父母在孩子的一生中占据着非常重要的位置，自然，他们的行为方式与对孩子的教养态度也会影响到孩子的心理健康。家庭的情绪氛围是指家庭各成员之间沟通交流的氛围，这会在较大程度上影响大学生是否能够形成良好的心理素质以及能否拥有健康的心理。家庭的结构变化是指一个家庭内部发生了家庭成员的增减，一旦大学生内心中排斥这种变化，那么他们就会产生负面情绪。如果这种家庭结构变化发生在大学生的童年时期，那么大学生在成长的过程中会受到比其他学生更深的影响。家庭经济状况是指家庭中所有家庭成员的收入、支出与财产情况，家庭经济状况困难的大学生更容易因为这个因素产生自卑心理，从而出现心理问题，并且这种影响对于他们的影响非常深远。在经济条件富裕的家庭中成长起来的大学生也会存在心理问题。例如，由于家庭经济状况较好，家长可以满足孩子的任何需求，这就会导致孩子出现贪心心理，一旦他的欲望得不到满足，情绪就会难以控制。还有一些人是因为自己的欲望太容易被满足，感觉自己的人生变得没有意义。以上这两种情况都会导致大学生出现心理不健康的现象。

另外，我们还需要关注大学生所处的学校环境，这是非常重要的。对于刚进入大学的新生而言，学习与生活环境的变化使他们不得不开始进行独立生活，但在独立生活的同时，他们仍旧对集体生活存在较大的依赖性。因此，大学生在照顾自己的同时，也要学会如何照顾他人，这对于刚刚开始独立的大学生而言，无疑是一个非常艰巨的挑战。一旦他们无法掌握照顾自己与顾及他人之间的平衡，就非常容易感到焦虑、压抑，甚至将这种情绪转化为心理疾病。

（三）大学生心理健康现状

随着我国社会经济发展速度加快，整个社会的利益格局不断变化。急剧的社会变迁和层出不穷社会问题引发的心理问题也日益增多。在现代社会中，心理障碍与精神疾病已经成为人们健康的最大威胁之一。近年来，中国教育发展迅速，各类高等学校大规模扩招，大学教育已从精英教育转变为大众教育。大多数青年有机会进入大学学习，大学生不再是"天之骄子"，而是回归普通与平凡，大学生活也不再是梦想之旅，而是更多地承载着理想与现实的冲突。大学校园也不再是"象牙塔"、世外桃源，社会问题和矛盾必然会对大学生的精神生活产生冲击，引发各种各样的心理问题。

大学阶段是人生发展的转折期和关键期，大学生作为文化层次较高的年轻群体，富有理想和激情，具有创造性和挑战性，同时又内心敏感和情绪丰富。但是，面对瞬息万变的社会环境，日趋激烈的社会竞争以及来自学习、专业、就业、经济和情感等诸多方面的问题，他们往往不知所措，加之人生阅历较少，容易产生各种不良的心理反应和心理问题，甚至罹患心理疾病。

当代大学生如果拥有良好的心理素质，不仅能够使自身发展更加顺利，也能够在一定程度上提升全民族的素质。曾经有人对当代人的主要素质做了一项调查，其中显示，一些人由于缺乏心理素质，不能够很好地适应社会发展与进步的需要。他们意志力薄弱，缺乏自信心，没有树立起居安思危的意识，导致自己很容易在竞争中丧失优势，抗挫折能力、适应能力与自立能力也不强，具有非常强烈的依赖心理。有的大学生在一遍遍地自我否定与自我拒绝中丧失了从事一切活动的信心与欲望；有的大学生由于偶尔一次的考试落榜与恋爱失败产生极端消极的想法；有的大学生由于在现实生活中无法得到理想的生活而丧失对生活的热爱；还有的大学生由于自身原因，在人际交往的过程中并不如意，从而产生逃避的想法，更加自我封闭。在做了许多社会调查之后，经过分析发现，心理障碍是影响我国大学生身心健康的最主要因素。在大学生常见的心理问题中，成长性心理问题与障碍性心理问题是最主要的两个类别。成长性心理问题相较于障碍性心理问题来说程度轻，这类大学生存在一定程度上的心理障碍倾向，但并未发展成真正的心理障碍，包括环境改变与大学生心理适应问题，由于学习心理调适不当而出现的心理问题，还有由于缺乏较强的情绪控制能力、自我认知能力、人格发展能力、意志力而造成人际交往、恋爱与性心理方面出现的心理与行为偏差。障碍性心理就是指大学生的心理问题已经发展成一种心理障碍，需要通过干预手段进行治疗，主要有如精神分裂症、躁狂抑郁性精神病、偏执型精神病、反应性精神病、病态人格与性变态等严重的心理异常，如神经衰弱、焦虑症、强迫症、抑郁症等轻度的心理异常，还有如内脏疾病、内分泌疾病与周期性精神病等心身障碍。

二、心理健康的标准

心理健康的评估，无论是被评估者个人的体验，还是采用某种方法对某一个人所作出的评价，抑或是对评估标准的内涵的解析和归纳，都是试图全面概括心理健康的内涵和外延，以及对心理健康定义的全面解读，国内外的学者大多是根据一个人的认知、情绪情感、意志、行为、人格、社会适应和人际关系等方面的表现和特点来评价、确定的。

（一）著名心理学家马斯洛提出的心理健康标准

（1）有足够的自我安全感。
（2）能充分地了解自己，并对自己的能力作出适度的评价。
（3）生活理想和目标切合实际。
（4）能与周围现实环境保持良好接触。
（5）能保持人格的完整与和谐。
（6）善于从经验中学习。
（7）能保持良好的人际关系。
（8）能适度表达和控制情绪。
（9）在符合集体要求的前提下，能有限度地发挥个性。
（10）在不违背社会规范的前提下能适当地满足个人的需求。

（二）著名心理学家杰哈达（Jahoda.M）提出的心理健康标准

（1）有幸福感和安全感。
（2）身心各种机能健康。
（3）符合社会生活的规范、自我的行为和情绪适应。
（4）有自我实现的理想和能力。
（5）人格的统一和协调。
（6）对环境能积极地适应，具有现实志向。
（7）有处理、调节人际关系的能力。
（8）具有应变应激的能力以及从疾病或危机中恢复的能力。

（三）我国著名心理学家郭念峰教授提出的心理健康标准

（1）周期节律性。
（2）意识水平。
（3）暗示性。
（4）心理活动强度。
（5）心理活动耐受力。
（6）心理康复能力。
（7）心理自控力。

（8）自信心。

（9）社会交往。

（10）环境适应能力。

（四）三维标准

我国的心理卫生专家许又新教授，1988年提出了心理健康的三个标准：

1.体验标准

（1）良好的心境。

（2）恰当的自我评价。

2.操作标准

（1）心理效率，即不仅要评价和判断一个人有什么样的聪明才智，还要看他的聪明才智在生活、工作中是否能得到充分地利用和发挥。

（2）社会效率，由个人社会功能体现，主要包括工作学习效率和人际关系两个方面。工作效率高不仅指单位时间内完成的工作量大，还包括工作质量高，差错少，且能在发现错误时及时纠正。

另外，良好的人际关系也是心理健康的重要标志。

3.发展标准

从发展心理学的眼光来看，一个人的心理和行为符合年龄特点，有明确的目标，有着较高水平发展的可能性，并能较好的自我调控，把理想变为切实有效的行动。

以上各学者的观点各有侧重，但总体来说，心理健康应是指一个人内心世界与客观环境的一种平衡，也是自我与他人之间的良好人际关系，并由此获得自我安全感和安心感，还能够自我实现，并具有为社会、为他人作贡献和服务的能力。

根据以上观点，为使大学生便于掌握，有关老师提出过以下标准，可供对照、参考：

（1）身体健康。

（2）智力正常。

（3）情绪稳定。

（4）有正常的社会适应能力。

（5）拥有良好的社交能力和人际关系。

（6）行为适度。

（7）意志健全。

（8）心理与年龄相符合。
（9）理想与现实差距不大。
（10）良好的自我意识。

第二章　大学生自我意识

完善的自我意识是大学生心理健康发展的关键，本章从自我意识概述、大学生自我意识的偏差、大学生自我意识的完善等方面介绍了大学生自我意识。

第一节　自我意识概述

一、认识自我

（一）自我的概念

关于自我的定义，即一个人对自己的认识和概念，包括对自己的认识和理解。许多心理学家都曾对自我的概念进行过阐述，如弗洛伊德认为，人格是由自我、本我、超我三部分构成的[①]。自我位于本我、超我的中间，属于人格中的理智层面，既要受到本我的本能冲击，又要遵守道德规范的约束，故在生活中遵循现实原则来行事。自我起到防御和中介的作用。著名心理学家荣格提出的分析心理学理论中，自我指意识的我，包括存在于人的意识中的全部印象、记忆、思想和感情，所起作用是对外部刺激进行选择，并达到对自己的客观认识。

---

① 西格蒙德·弗洛伊德. 自我与本我 [M]. 上海：上海译文出版社，2011.

（二）自我的分类

1.根据乔哈里窗口理论的分类

乔哈里窗口，即按照自知、自不知、他知、他不知，将自我分为公开的我、秘密的我、盲目的我、未知的我。（表2-1）

表2-1　乔哈里窗口理论

	自己知道	自己不知道
别人知道	公开的我	盲目的我
别人不知道	秘密的我	未知的我

（1）自知、他知——公开的我。即表现于外的自己，也是为他人所认识的自己。包括一个人的姓名、职业、身份、工作、学习、成绩、职位等，而且他人和自己对自我的这一部分的认可高度一致。如，学生在上课的时候回答问题，演员在台上演出，都属于公开的我。

（2）自知、他不知——秘密的我。每个人都有自己的秘密和隐私，也包括隐秘的动机、欲望、私心等，这就是表现于外的自己、他人认识的自己与自知的自己是不同的。如，抗战和解放战争时期的多位"红色特工"，表面上看他们有着自己的公开身份，是教师、干部、学生、商人，实际上是中共地下党员。当然，他们保守的是党的机密，如果是他人不知的个人隐秘，也属于他不知的部分。

（3）他知、自不知——盲目的我。这是指相对于自己来讲，他人或许更明白其真实情况。在这种情况下，别人有可能对自己进行一些负面的评价与议论，他人也更容易看到自己的缺点与不足，在对待"盲目的我"时，时刻提醒自己有自知之明是非常重要的一件事。为了验证心理暗示是否能够对人起作用，有人曾经做过这样一个实验：某单位的几位员工一致决定，要在不同的场合对同事甲说其脸色不好，并观察他的反应。当第一个人对他说出"脸色不好，是不是生病了"时，甲并未放在心上，但当遇到的人都对他说"脸色不好"时，甲就开始慢慢对自己产生了怀疑，甚至开始感觉自身有些不舒服。因此，如何全面、准确地认识自己是一个非常重要的课题。一个人不能太重视他人的评价，又不能对他人的评价过于依赖，只有客观地对自己进行判断才能够真正正确地认识自己。从"慎独"与"吾日三省吾身"中就能看出，古人对于客观认识自己是非常重视的。

（4）自不知、他不知——未知的我，也称未来的我。在心理学领域，学者曾经做过一个研究，研究结果表明，每个人的潜能都一定不会得到充分发挥，甚至有些人只发挥了自身四成到五成的潜能，那些获得成功的人，不是因为其拥有更高的智商，而是因为他们懂得坚持，懂得怎样将自己的潜能发挥到极致。只要自己坚定选择了一条适合自己的、正确的道路，即使这条道路蜿蜒曲折、艰难困苦，有时还会令人在分岔路产生迷茫的感觉，但只要相信"道路是曲折的，前途是光明的"，迟早都会看到胜利的曙光。马云曾说，今天很残酷，明天更残酷，后天很美好，但绝大多数人死在明天晚上，看不到明天的太阳。如果你相信未来是光明的，那么坚持就是胜利。从中我们可以看出，人的潜能具有非常强大的力量。

2.根据内容的分类

从内容上来划分，自我意识可以分为生理的我、社会的我、心理的我、品德的我。生理的我指对自己生理特征的认识，即自己的身高、体重、身材、平衡状态、生理状态，如饱还是饿，是否劳累，是否善于运动等。对自身生理状态比较认同，会增强自信；对自身生理状态不太认同，会产生改变自我的动力。适度的完美倾向会让人设法努力改变自我，如有的人觉得自己眼睛小或是鼻子不高，要通过整形手术来改变自身容貌，达到对生理自我的满意。但是，如果有的人有过分的完美倾向，就会让人陷入不断整容的嗜好中，如某位演员曾多次整容，这也表现出他内心一定的自卑体验。社会的我，每个人生活在社会中，都要和其他社会成员联系互动，即扮演某些社会角色，具有一定的社会特征，通过和其他人的交往，形成周围人的共识。人不是只要具有完整的生理功能就会形成自我意识，"狼孩"由于没有社会环境进行学习，就没有形成社会的我。所以在社会环境中进行学习，建立社会的我非常重要。大的方面指个体隶属于某一时代、某个国家、某个民族、某一社会阶层的意识，小的方面指隶属于某个家庭的意识，自己在群体中的地位如何，经济状况怎样，今后希望与哪些人竞争或合作，希望融入怎样的群体等。心理的我，指对自己气质、能力、性格、智力、需要、动机等心理特质的认识。包括情绪体验，即我是否高兴，是否具有自信心和责任心等。品德的我，即自我的行为是否符合社会道德规范的要求，是否遵守法律制度及特定制度的约束的自我体验。如军人要遵守军纪军规，学生要遵守校规等。还有对自我的道德体验是否满意等。

（三）如何认识自我

1.和过去的自己比较

和过去的自己想比较时可以看一看有哪些方面不同。性格由内向变得外向，个子又长高了，看待问题的角度有了变化，学会了新的知识或技能，能够流利地使用一门外语了，等等。

2.和别人比较

在认识自我的途径中，与他人比较是一个立竿见影的方法，我们可以通过这种方式观察自己的不足和优势，以及确定以后需要努力的方向。特别是在大学毕业之后的聚会上，我们能够更好地观察到当年与自己同等条件的同学现在彼此之间存在怎样的差距。与别人比较不是为了使自己产生自满或自卑的心理，而是通过比较来反思、认识自己，使自己得到长足的发展。

1930年，美国著名的心理学家莫瑞诺首次在心理学的治疗中采用了角色扮演疗法。[①] 这种治疗方法简单来说就是让患者单独或与他人合作扮演在某种情况下会发生的有关过去、现在或未来的事件中的角色，通过这种角色扮演的方法可以帮助扮演者与他人更好地认识自己，使他们更好地融入现实生活中。

二、意识与自我意识

（一）意识与自我意识

意识是人脑所特有的反映内部及外部客观现实的机能，也指人在清醒时对客观世界的觉知状态。对个人内部，主要是对自我心理的认识和体验意志等心理活动的总和。意识是以神经系统的发展特别是脑的发展为基础的，通过劳动和社会交往等实践活动发展起来，是以概括性、目的性、主观能动性和社会历史制约性为基本特征。意识是人与动物心理区别的根本标志，是人最高级最主要的反映形式。意识是在人类进化历史中脑皮层相应区域得到发展后才能够形成的。

自我意识在心理学领域中的概念是指主体我的认识，这种认识包括对自己与

---

① 车文博.心理咨询大百科全书[M].杭州：浙江科学技术出版社，2001.

周围事物关系的认识，特别是人我关系的认识。在对自我进行认识的过程中，包括对自我生理特点、心理特点与人际关系的认识。由此我们可以看出，自我意识的内容与层次非常丰富，在能够影响自我意识的因素中，既存在生理、生物方面的因素，也存在社会、心理方面的因素。因此，自我意识的完善需要依靠良好的内在与外在条件。

（二）自我意识的组成

按照认知、情感、意志的不同，即知情意三个维度，可分为自我认识、自我体验、自我调控几个方面。

1.自我认识

自我认识属于自我意识的认知成分，主要解决我是谁，我是个怎样的人等问题，包括自我分析、自我观察、自我评价等。刚出生的婴儿懵懂无知，看到自己的手和脚，并不知道这是自己身体的一部分，看到镜子中的自己，也不知道那就是自己的镜像。到6个月之后，对别人喊他的名字逐渐有了反应，知道名字代表着自己。知道"我"是自己的代词，还要再过一段时间。实际上人们对于自己的认识是在不断地发生着变化的。例如，有人在退休后反思自己几十年前的行为，对于自己曾经伤害别人的行为深感内疚，并因此登报向被伤害过的人道歉，以求自己的行为符合自己的自我认识。京剧有一出剧目名为《除三害》，讲的是一位名叫周处的青年，他原是一个纨绔子弟，虽然功夫了得，但整日游手好闲，为害一方。大家都对他避之不及，他浑然不觉，后来他决心做点好事，在乡邻的指引下除掉了南山的猛虎、水中的蛟龙。之后，却在无意中听到乡邻们庆贺他因和蛟龙搏斗而死，这时他才知道，这第三害原来就说的是自己，听到后非常吃惊、羞愧、痛苦。他经过反思，认识到了自己的缺点，在能够客观地认识自己以后，痛改前非，后来成为一名出色的将军，最后战死疆场。[1] 这是关于自我认识的典型例子。

2.自我体验

在自我意识中，存在一种情感成分，这就是自我体验。自我体验是指个体对自己形成的"是否喜欢、是否满意"的评价，如自尊感、自卑感与自信等都属于这个范畴。在自我体验中，自尊感无疑是一个非常重要的内容。自我体验来源于人所处的环境，如在《中国合伙人》这部电影中，主人公成冬青原本是一个成绩

---

[1] 中国戏曲研究院.京剧丛刊第18集除三害棋盘山九江口[M].上海：新文艺出版社，1954.

优异、毕业后留校的英语教师，但因在校外兼职而丢掉了大学教师的职位，而后，他并没有自暴自弃，而是靠着在电线杆上张贴的小广告积攒了一部分学生，在废弃的工厂里为他们上课。后期还与同学共同成立了新梦想培训学校，帮助别人实现出国的梦想。在这部电影中，他在被学校辞退时产生了悲伤与失落的心理态度，但在学生们的眼中，他却是一个非常高大的形象，被学生们信任。因此我们可以看出，人不要因为一时的低迷而放弃自己，应当全方位地、客观地看待自己，这样才会形成更加准确的自我意识。①

3.自我调控

自我调控属于自我意识中的意志成分，是一个人对自己心理的掌握，主要包括"如何使自己的注意力更集中，学习效率更高""如何使自己成为更有成就的人"等，对自己活动的调控，包括自我管理、自我监督、自我控制等。自我调控要在明确自己目标的基础上才能实施，所以说，自我认识是自我调控的基础，自我的情感感受又对自我控制有促进或抑制作用，即自我体验可能加强或削弱自我调控。所以，自我认识、自我体验、自我调控三者是相互联系、相互影响的。

（三）自我意识的特点

自我意识能够对人格起到调节作用，个体性、社会性、能动性与同一性都是自我意识的本质特征。

个体性是指自我意识虽然普遍存在于每一个个体的身上，并随着个体不断向前发展，但是每个人的自我意识都存在不同的差异，且通常以较为系统、完整的形式呈现出来。在每个个体中，遗传只占自我意识形成过程中很少的一部分，而后天环境的影响和周围人的相互作用在自我意识的形成中起着非常重要的作用，在这两种因素的共同作用下，较为独立的自我认识与能够进行自我调控的人格子系统——自我意识就逐渐发展起来了。

社会性是指，从人类社会的角度来说，自我意识这种人类反思系统会随着社会的发展逐渐产生并形成社会性与群体性的特征，从个体发展的角度来看，自我意识是一种心理模式，它是个体将别人对自己的态度内化并整合而产生的，同时，自我意识的发展还可以被看作一种社会化的过程。

在自我意识中，个体性与社会性要统一，即自我不仅要成为能够区别于社会

---

① 周智勇，张冀，锦晓.中国合伙人[M].北京：中国电影出版社，2013.

中其他人的独特一员，还要有能够融入社会的能力。

能动性是指自我意识能够调控个体自身心理活动与行为的系统，具备独立性与完整性。正是因为这个特性，自我意识才能在个体做出行动时能动地为其指引方向，平衡个体与环境之间的关系，自我意识的能动性还体现在个体通过自我意识能够更好地使个体适应世界、创造世界并创造自己。

自我意识的同一性是随着时间的推移和环境的变化，虽然自我意识是不断变化和发展的，但是，个体在工作态度、生活方式等方面会表现出跨时间和跨情境的一致性，从而反映出支配它们的自我意识的始终一贯性。自我意识是自我形成与转化的形式，是一个动态的过程，真正的自我同一性是个体在与环境的互动中不断将外在的评价转化为内在的认识，将理想我与现实我相结合所达到的。

（四）自我意识发展的模式

自我意识发展的过程并不是一帆风顺的，任何事物都是螺旋式上升、波浪式前进的，自我意识的发展也不例外。在自我意识中存在三个模式，即自我分化、自我矛盾与自我统一。自我意识在发展时，这三种模式就会循环交替出现，即由自我分化—自我矛盾—自我统一再到自我分化—自我矛盾—自我统一的过程。

1. 自我分化

个体在青春期时才会对自己内心世界的存在具有较为清晰的认识。因此，我们可以将自我分化分为主我与客我。主我即理想我，在整个自我意识中处于观察地位，客我即现实我，处于被观察的位置。在自我分化的过程中，个体逐渐开始引领思维与行为进行相应的活动，这种活动也为个体对他人与自己进行客观评价、合理调节自己的内心活动与现实行为奠定了较为坚实的基础。在自我分化阶段，个体会产生一些自我观察与自我沉思的行为，这些都是正常的。

2. 自我矛盾

自我矛盾心理是随着自我分化逐渐认识到理想我与现实我的差距而形成的。自我矛盾心理会使个体在自己的内心产生较为严重的冲突，从而引发一些不好的情绪体验。在自我矛盾时期，个体对自己的评价呈现两极分化态势，时而对自己的评价极高，盲目自大，时而又不断否定、贬低自己，产生强烈的自卑感。处在这个阶段的个体会面临大幅度、高频率的情绪变化，但这种现象在自我意识的发展过程中依然与自我分化一样，是非常正常的。

3.自我统一

在经历了自我分化与自我矛盾这两个阶段之后，特别是在经历了自我矛盾的激烈冲突后，自我意识在发展过程中会找到一个相对协调的发展方向，并不断向其靠近，最终达到自我统一。要想达到自我统一，就要做到三个方面共同统一，即主我与客我统一，自我认识、自我体验与自我调控统一，自我与外部世界的统一。这种自我统一只能使个体立足于客观现实，在现实条件下对理想我进行一定程度上的修订，不断完善现实我，实现有效的自我控制。所以我们可以看出，自我统一不仅要求个体对自我有一个正确的认识，还要具备充分的自我体验与较强的自我控制能力，要掌握好理想我与现实我之间的平衡。总而言之，在自我意识的发展过程中，只有积极健康的统一才是真正的自我统一，有些大学生在自我意识发展的过程中形成了一种消极的、不健康的统一，或者是放弃理想我与现实我中的一项而使自我意识达到统一，这些都是不正确的，这些统一从形式上看或许达到了统一的要求，但其实质还是一种自我矛盾的表现。

（五）自我意识对个人发展的积极作用

在个体发展自我意识的过程中，当一个人不再察觉到自己的思想与行为时，就会被人们认定是患上了精神疾病，这种状态在心理咨询中往往被称为"无自知力症状"。基本的自我意识是一个正常人必须要具备的，而一个成功的人则会具备相对高水准的自我意识。自我意识的发展水平可以在一定程度上决定个人的发展水平，因此，我们要想获得长足的发展，就必须要挖掘自我意识在发展过程中对个人产生的积极作用。

我们已经知道，个体能够得以存在且发挥主动性的根本力量就是自我意识的发展，人们通过发挥主动性，既可以使自己更好地利用客观世界的条件来改造客观世界，也可以利用自我意识发挥的主观能动性改造主观世界，并不断促进个体更好更快地发展。自我意识对于个体的发展具有促进作用，主要体现在以下三个方面：

1.促进主体不断完善人格

人格的核心就是自我意识，只有具备了健康的自我意识，那么个体才能被称为是一个具有健全人格的人。个体的自我意识能够在较大程度上帮助个体进行人格的完善，在人生的道路上，通往幸福与成功的秘诀就是个体能够使用自我意识进行人格的完善。人格就是一个人的个性，包括个体倾向性与个性心理特点，个体的个性倾向性由需要、动机、信念、理想与价值观等共同构成，而个性心理特点则由个体的能力、气质与性格组成。人们的心理活动促进他们人格的形成，并在社会中不断散发光芒。个体的认识、情感与意志这三个方面共同构成了人们的心理过程。而自我意识对个体心理活动过程的调节与控制就是通过提高自身认识、丰富自身情感与锻造自身意志来实现的，在这个过程中，个体会不可避免地呈现出"自我"色彩的人格烙印，这一点在个体的个性倾向性与个性心理特点中能够非常明显地感受到。

人格具有稳定性的特征，但其也会随着环境与条件的变化而发生相应的变化。自我意识为了能够使个体积极地适应客观世界日益变化的需要，就必须要不断调节并控制个体的认知结构、情感体验与行动意向，这种适应过程，本质上就是个体的完善与优化过程。因此，我们可以得到一个这样的结论，即完善与优化人格的不竭动力就是个体自我意识的不断发展。

2.引导和调控主体成长成才

判断一个人的心理是否健康，就要看这个人是否具备健康的自我意识，健康的自我意识能够促进人自身的成功。"理想自我"的确立是建立在个体对自我存在正确的自我意识的基础上的，在确立"理想自我"之后，个体就会在"理想自我"的指引下进行发展，并使个体的认知、情绪、意志与行为都最大程度上贴合"理想自我"的方向。个体具有能动性，因此，个体能够对自己的注意力、情感与行为等实现很好的控制，在对自我进行控制之后，就能够更加迅速且顺利地实现自我目标。除此之外，"理想自我"会受到主客观条件不同程度的制约，在"理想自我"的实现过程中，个体会由于一些预料之中或意料之外的阻碍而产生不同程度的挫败感。但自我意识会指导人在这种特殊情况下反省自己的认识、情感、意志与行为等，尽力搜寻导致挫折的原因，并在积极调整自我认识之后，形成一套新的有关于"理想自我"的内容，使"现实自我"与"理想自我"最大程度地实现统一，使"理想自我"能够在自我意识中继续发挥导向作用，保持对自我的监督功能。

3.改善主体的生活状态

自我意识水平的高低能够使人在现实生活中呈现出不同的生活状态。如果一个人拥有健康的自我意识，那么他就能够比其他人拥有更加正确的自我认识，也能够更加积极地悦纳自我。事实证明，一个人对自己的现状也会更加满意，且具备比其他人更加明确的方向与更加充足的前进动力。但对于那些自我意识不健康的人来说，他们无论是在哪一方面都存在不满情绪，甚至会在这些情绪中出现"迷失自我"的困惑与烦恼。他们会由于缺乏自我认同或不能很好地适应环境而导致自己痛苦不堪。例如，一些人对自身的能力总会或高或低地评价，缺乏客观性，这就会使他们设定的目标不符合自己的能力水平，从而在实现目标的过程中就会遇到比以往更加艰巨的困难，使自己产生挫败感。而这种消极的情绪体验会延续到下一次，甚至每一次目标的制定中，从而使个体对自己的能力水平产生怀疑，严重的甚至会产生懈怠心理，一次又一次地恶性循环。

为了改变大学生的这种状态，要督促大学生在日常生活中积极培养自我意识，并且善于利用自我意识中关于自我认知、自我体验与自我控制的功能，通过这些功能对自我进行合理且正确的认识，将自我调控机制作为中介，努力改善自身缺点，使自己再次明确努力目标，确立自信心，获得正向的情感体验。只有坚持不懈地让个体摆脱不良生活状态的影响，才能让大学生走向更加灿烂的明天

（六）影响大学生自我意识发展的因素

1.社会环境与人际交往因素

自我意识本来就是随着一个人的生理发育、心理发展而逐步发展、成熟、健全起来的。而大学是一个特别的社会环境，如何融入校园环境，如何使个人与环境积极互动，如何发展良好的自我意识，是大学生的重要任务。一般来说，进入大学之后，大学生逐步从法律意义上的未成年人成长为成年人，所面对的社会环境也开始变得更加复杂。每日的生活起居、生活时间分配、生活费的使用都要更加独立，需要自己合理安排。面对新的社会环境，需要新的适应过程。例如，很多同学刚入学就面临着适应异地的气候，熟悉当地风土人情，互相熟悉宿舍和班级里其他同学的生活习惯等，可以说适应是多方面的。人际交往方面包括面对来自系里、学院或学校老师、学长学姐或其他同学组成的各种社团、学生会或其他组织，还有一些大型活动如运动会、辩论赛及其他活动中认识的人所形成的各方

面的人际关系需要学习如何把握和处理。在交往中，如果一个人所参与的事项正好是这个人所擅长的，如恰好喜好篮球运动的同学参加学校篮球比赛，那很可能获得大家的好评，自我意识也会因积极的反馈较多，而产生较好的自我体验，从而增加自信。如果参与的事项或解决的问题恰好是自己不擅长的，就可能因完成得不好而受到批评、指责，较差的结果带来的批评或责备会使得自尊或自信心受到伤害，甚至可能会产生自我怀疑，出现自我认识的偏差，影响了良好的自我意识的形成。

2.生理因素

大学生正处于生理上和心理上剧烈变化的时期，自然会格外关注自己的外表，并希望以出众的外表来获得他人的肯定。和中学时代相比，大学生花在打扮、修饰上的时间普遍更长，他们需要更多的精力来考虑自己的外形问题，这也说明了许多人对外形或形象与自信的关系有了新的理解和认识。例如，有的同学入学后不久就开始尝试各种方式减肥，如增加运动量、少吃食物、服用减肥药物等，想让自己光彩照人，成为梦想佳丽，最终不但外形能力压群芳，其他各方面也能如鱼得水；对自己身高不满意的同学，有很多人去参加篮球等运动，希望个头还能"蹿一蹿"，一些同学出门喜欢换上高跟鞋、增高鞋，以弥补自身的身高不足，使自己显得更高；比较特别的同学为了引起别人的注意还会做出一些惊人之举，如穿着奇特的服装，将头发染成大红色等，其实就是想给别人造成"独特""有个性"的印象，在心理上获得自我意识的自我肯定。这些都说明，一个人有良好的外在形象，也能够使人获得较好的自我意识以及自信和愉快的感受。

3.个性因素

不同个性的人有不同的自我意识，这方面有许多个人特征，如有的人热情开朗，受到别人指责或非议时也不太在意，内心起伏不大，自尊感不易受到影响，有的人平时小心谨慎，严于律己，待人谦和，各方面都比较优秀，但内心自尊心较强，内心情感丰富、敏感，对于别人的不同意见比较在意，交往中，如不注意方法或言语不当就可能会让他的自尊心受到伤害，从而产生强烈的情绪反应。

第二节 大学生自我意识的偏差

心理学领域按照两种不同的水平或状态对自我意识进行分类，分别是健全的自我意识与不健全的自我意识。作为心理健康的一项重要标志，健全的自我意识是人类自身内在的成功机制；而不健全的自我意识会为人类造成不同程度的心理障碍，从而影响人们的身心健康与日常发展。由此可见，帮助大学生建立健全的自我意识并纠正其在发展自我意识过程中存在的自我意识偏差，是高校保证大学生心理健康发展的重要手段。

一、大学生自我意识偏差的主要表现

（一）自我认识偏差：高估与低估

1.高估自我

在现实生活中，有许多大学生都认为自己的存在是有价值的，自己的存在会令他人产生愉悦心理，甚至由此产生了自负感与优越感。一些大学生认为自己仪表堂堂，具有非常高尚的品德与广泛的交际圈，在他们眼里，自己的聪明才智也只是展现了很少一部分。这些大学生在对别人进行评价时，总会觉得他人比不上自己，认为他人一无是处。如果这部分大学生在与他人进行人际交往的过程中，总以"我好—他不好"的模式与他人相处，就会导致与他人关系的僵化。除此之外，这类大学生极易出现盲目自信、骄傲自满的情绪，其制定的目标也往往会超过个人能力，最终导致任务的失败。而这类大学生极少会容许自己失败，在特定情况下甚至会导致他们出现一些极端的变态心理。

2.低估自我

除了上述一些大学生以外，还存在一些自我评价过低的学生，这类学生往往习惯自我否定，看不到自己身上的闪光点，总会感觉自己与他人相比缺少能力，从而出现缺乏自信心、自我厌恶、自我绝望，甚至出现自杀的情况。通过观察我们可以发现，这类大学生在与人交往的时候，会秉承"我不好—你好"或"我不

好—你也不好"的原则。这类大学生由于自我评价过低导致自我意识的偏差，在内心引起了较为激烈的情感冲突，甚至极大地限制了自己未来的发展。

（二）自我体验偏差：自负与自卑

1.自负

大学生群体要具备适度的自尊心与自信心，在大学阶段，自尊心与自信心会给予大学生非常大的动力，可以促使大学生在大学中力争上游、勇攀高峰，不断追求崇高理想。适度的自尊与自信会为大学生提供良好的精神与心理状态，但过分自信就会导致大学生产生强烈的自负心理。自负的人对于别人的批评常常不放在眼里，经常会显露出一种睥睨心态。自负的人通常是缺乏自知之明的人，总认为在人际交往过程中产生的摩擦是别人的过错，并且总会将自己的想法强加于人，无法获得相对和谐的人际关系。

2.自卑

当一个人在人际交往的过程中，他人无法满足个体的自尊需要，而个体又缺乏中肯评价自己的能力，就容易使自己陷入自卑无法自拔。当大学生的自卑心理逐渐形成之后，就会从一开始对自己能力的怀疑到不敢展现自己的能力，从不敢与人交往变得越来越自我封闭，致使本来可以"努力跳一跳"就达到的目标在自卑心理下变得遥不可及，从而放弃对目标的追求。

（三）自我控制偏差：逆反与顺从

1.逆反心理

逆反心理产生于大学生自我意识发展的过程中，通常情况下，我们都将这种逆反心理看作是一种非理性的产物，逆反心理具有以下四个特征：

（1）盲目性。逆反心理的盲目性体现在大学生对一切事物都会盲目地进行抵制，无论事情正确与否，也无论事情对他们是否有益，他们都会按照与事情的发展方向相反的态势进行，不顾后果，随心所欲。

（2）抵触性。大学生的逆反心理还体现在其对社会的某些行为规范与道德要求产生应付、抵制与对抗的消极态度。

（3）自我中心。自我中心是大学生逆反心理的又一特征，这类学生极易以自己为中心，常常将他人的忠告与批评当作耳旁风，在人际交往过程中，做事只考虑自己，因此，这类人会在人际交往中遭受较大的挫折，人际关系也并不和谐。

（4）极端性。极端性是逆反心理非常明显的一个体现，在实际生活中，我们会发现这样一个现象，即一部分心理出现极端性的大学生对于别人想让他做的事情嗤之以鼻，总是与他人对着干。

2.顺从心理

现如今，许多大学生的性格都很内向，不愿或不擅长与他人交往，自理能力与独立能力相对较差，缺乏主见，没有独自承担责任的勇气。具有顺从心理的大学生会比其他大学生更容易受到他人的暗示，这类大学生在生活中遇到问题时会变得畏首畏尾，从而影响心理的健康发展。

二、大学生自我意识发展偏差的成因

（一）不恰当的家庭教育方式

在这一代大学生的家庭中，很多父母都只有一个孩子，因此，这代大学生从小就在父母与爷爷奶奶、姥姥姥爷无微不至的关怀下成长，也正是因为一个家庭中只有一个孩子，他们常常会受到家长们的溺爱，极易形成以自己为中心的性格，缺乏正确的自我认知，对自我的评价也较为主观，会出现对自己评价不稳定的情况。在这种情况下成长起来的部分孩子，抗挫折能力普遍较差，在遇到挫折时很容易一蹶不振，从而由自傲走向自卑。社会上的教育将提升学生智力作为工作重点，并不重视学生心理与个性的发展。就会导致大学生一旦出现心理问题，无法得到及时的干预与解决，久而久之就会影响他们对自我的评价。与此同时，父母对自己的孩子都抱有非常高的期待，这些期待会在无形中增添学生群体的压力。有研究表明，在打压教育下成长起来的学生，自我评价都会比其他学生消极、负面。

（二）不良个性发展的结果

不同的人，其神经系统活动所具备的特性也会有差异，有些大学生会经常自我否定，对自我的接纳度也比他人低，这类大学生的人格特质多体现为忧虑、抑郁、依赖、顺从等。如果没有正确引导上述这类大学生的心理成长过程，就会导致他们形成错误的自我评价，自我意识也无法健康发展。

（三）学校教育中缺乏合理的引导

有些大学生的自我意识早在中小学阶段就已经初步形成了。自我国进行教育改革以来，中小学的教学方式也发生了巨大的改变，各级各类中小学在素质教育方面都发挥了自身优势，在重视智力教育的同时，也将学生们的心理与个性教育放在了重要的位置，教育的重心开始转向学生的全面发展。虽然学校已经做出教育方向上的转变，但对于学生心理素质的培养与教育仍有待提高，特别是要持续加强对学生自我意识的引导。目前，有些中小学仍旧将学习成绩作为衡量学生好坏的唯一标准，这种评价方式会导致学生无法对自己的形成正确的自我评价。除此之外，还有很多中小学缺乏对学生自我评价能力与自我接纳能力方面的引导。

（四）社会观念变革的影响

1978年之后，改革开放为中国社会带来了无限生机与活力，整个社会的发展变得迅速。当代大学生出生在改革开放之后，享受着改革开放为自己的生活带来的种种改变，这代大学生具有较为敏锐的思想，对于新生事物接受度较高，与上一辈相比，他们具有更加强烈的自我意识与鲜明的个性，独立意识也不断增强。但不能否认的是，大学生在他们这个阶段，心理与生理仍未发展得非常成熟，在辨别是非方面还欠缺一定的能力，他们只片面重视个性的发挥，却没有对未来的人生出作正确的规划，这会导致他们逐渐丧失社会责任感，自我意识的发展也会因此出现偏差。

（五）不恰当的相互比较

一些非常热衷于与他人比较的大学生，一旦发现自己的身材、外貌、家境或交往与表达能力不如他人，就会因此产生自卑心理。而大学生在他们这个年龄阶段有着非常强的好胜心，并且非常重视这类问题，这使得他们不愿看到也不愿承认自己比他人差。但一个客观问题就是人与人之间都会存在个体差异性，因此，如果与他人作了不合时宜的比较，将自己的目光锁定在自身缺点上，就会导致忽略对自身优势的发掘，这样也就不利于正确自我观念的形成。

（六）不正确的归因方式

个体依据自己的主观感受与经验判断他人或自己的行为、某件事的发生是缘于某种原因，这就是归因。不同的大学生思维方式不同，就会产生不同的归因方式，不同的归因方式也会对大学生产生不同的心理影响。若一个大学生在分析事情失败的原因时总是将其归因于内部因素，那么这就会导致他们对自己的评价过低，久而久之他们就会丧失实现目标的动力，从而失去信心，更甚者会不认可自己得到的不良后果。

第三节　大学生自我意识的完善

一、正确地认识自我

"以铜为镜，可以正衣冠；以史为镜，可以知兴替；以人为镜，可以明得失。"[①] 为了培养健全的自我意识，人们首先要能够正确地认识自我，只有在自我认识的过程中全面、客观，才会在对自我进行评价时相对准确。只有得到了正确的自我评价，才能为自己未来的发展制定合适的目标，确立理想自我，并为之不断努力。正确认识自我有以下四种方式。

（一）在与他人的比较中认识和评价自我

一个人在与他人进行比较的过程中，会产生自我认识与自我评价的能力，且这种能力会随着时间不断提升。通常来说，人们在评价自我的时候总会为自己找到一个与自己差距较小的人作为参照物。大学生是国家未来的建设者与接班人，他们的身上承载着许多人的殷切期盼，因此，大学生在与他人作比较时，不能总和与自己情况相差无几的人相比，更要与比自己优秀的人作比较，在与优秀的人比较的过程中不断发现自己的短处，并努力弥补。作为认识与评价自我的一个重要途径，与他人相比最重要的就是为自己选择一个合适的参照物，这样才能做到

---

① 王少毅. 国学句典[M]. 北京：中央编译出版社，2007.

不因盲目选择参照物而骄傲自满或妄自菲薄，从而更好地发展自我意识。

（二）从他人对自己的态度中认识和评价自我

人们的自我认识与自我评价都是在人与人之间的交往中不断深化的，在这个过程中，人们会逐渐接受他人对自己的评价。看一个人的自我意识是否成熟，主要就是看这个人的自我评价与他人对他的客观评价之间是否具有一致性，若自我评价与他人对自己的客观评价较为一致，那么我们就可以大致认为这个人有着较为准确的自我意识。现如今，有许多大学生都非常在意别人对自己的评价，也会存在如果别人对自己的评价较高就会自满、对自己评价较低就会自卑等情况，因此，要引导大学生正确看待他人对自己的评价，这样才会保持一个良好的心态，不因别人的态度变化而怀疑自己。

（三）在经常的自省中认识自我

大学生在进行自我认识的过程中，自我认识与自我评价的能力会通过自我反思而不断提高，在对自我进行反思的过程中，要客观对待自我，将自我完完整整地摊开在自己面前，对自己的不足要敢于直视、敢于批评。在自我反思时，要时常注意对自己行为动机的检查与复盘，在复盘过程中实现对自我的调整。

（四）积极参加实践活动，借活动成果来认识和评价自我

自身的价值会通过活动成果的价值表现出来，这也是社会衡量个体价值的重要标准。如果个体在参加实践活动时能够获得自己预期内的较为理想的活动成果，那么个体在自我能力的认识方面就会有所提升，自我价值的发现能够进一步扩展自己的潜能，并拥有更大的自信心。

在对自我进行认识与评价的过程中，必须要客观，使用辩证的方法看待自我，为了在对自我进行评价时全面、真实，可以通过不同途径收集有关自我的信息，并对这些信息进行分析、综合与比较。在看待自我与他人时，不能一成不变，要具备发展的眼光，在进行比较时，为了使自我定位更恰当，要尽量开阔自己的视野，多运用科学的方法。

二、积极地悦纳自我

悦纳自我是一个心理学名词，它是说一个人在成长过程中能够无条件地接受自己，无论是好的一面还是不好的一面，悦纳自我还要求个体对自己不能过于苛刻，要制定合适的努力目标。在朝着健全自我意识努力的过程中，悦纳自我起着至关重要的作用，它是发展健全自我意识的核心与关键，也是个体能够适应社会的前提条件。是否能积极地悦纳自我，是一个人能否认可自我、形成自尊心的重要标志。

（一）理智地看待自己的长处和短处

在每个人的发展过程中，都会有优点和缺点的存在，但一个人拥有更多的还是长处，长处可以无限发挥，而短处却总有一定限度。因此，在对自我进行评价的时候，要遵守适度原则，不能过度夸大，也不能过分贬低。总地来说，我们可以将人们的短处分为两种，可以改进的和无法补救的，可以改进的都是后天形成的，如不良习惯等，无法补救的则是先天就存在的，如身材矮小等。对待后天形成的缺点，我们要通过自身的努力积极改进，而在对待先天缺陷时，我们能做的只有勇敢地面对。

（二）正确地对待失败

在每个人的成长过程中，成功与失败都是不可避免的，有的人可以在面对失败时越挫越勇，而有的人却只能不断地否定自我，致使自己丧失自信心。因此，我们要对人生中遭遇的失败有一个正确的认识，失败只是一时的，我们要树立坚定的信心，以正确的心态面对失败，不被生活打败。

（三）积极地自我暗示

"预言自动实现原则"由美国著名的心理学家默顿提出，他认为，人人都存在一种能力，而这种能力就是能够自动地促使预言实现。这就是指自我暗示在自我意识中所起的作用。因此，当代大学生要在自我意识发展的过程中形成积极的自我暗示，当自信心有所下降时，就可以通过积极的自我暗示进行调节，对自己进行鼓励，使自己养成积极向上的心态，这样有利于自己完全投入学习与生活中。

三、有效地控制自我

在对自我进行改造时,自我控制不仅能够对自我进行定向,也能够体现个体对待自己的态度。在健全自我意识、完善自我的过程中,合理有效的自我控制是最根本的手段,能够使大学生不断提升自我控制的能力,自我控制可以从以下三方面进行:

(一)合理定位理想自我

个体在未来想要达到的目标就是理想自我,在个体确定理想自我时,要注意立足现实,结合实际,设立的目标不能过分高于自己现阶段的能力水平、知识程度与生活经验,要设立一个通过努力可以达到的目标。如果一个人盲目高估自己的能力,将目标设立成自己永远都无法企及的高度,那么就会在实践过程中逐渐丧失信心,放弃对目标的追求。但一个人如果设立的目标过低,就不能很好地体现自我价值。因此我们可以看出,合理的目标是一个人向前发展的动力。

(二)培养健全的意志品质

人们自身的欲望与外部因素的诱惑都会导致自己在实现人生目标的过程中丧失斗志,从而偏离正确的轨道。由此可见,内心的懈怠与外部的诱惑是人们无法实现人生目标的最大阻碍,因此,个体要想实现理想自我,就必须要更好地约束自己的行为,形成高度自律,健全的意志品质也是个体需要具备的。一个意志健全的人,会比其他人具备更高的行动自觉性、更强的自制力、果断力和意志力。在培养大学生意志品质使其不断健全的过程中,可以为学生组织一些较具挑战性的实践活动与体育竞赛,这样有利于增强学生的毅力。要在学生中挑选一些优秀人才作为集体的榜样,激发学生的好胜心;要督促学生遵守校规校纪,引导学生自省自强,摆脱自身不良意志品质的干扰。

(三)培养健康的情感

一些健康的情感,如自尊、自爱、自信等,可以成为更好地控制自我的激励因素与自我前进的动力。若大学生认为自己能够给周围的人提供帮助,能够为周围的人提供价值,那么这一认知就会使其努力改善自身现有的不足,也会让其在实现理想自我的道路上更加奋进。

四、努力完善自我

在进行了自我认识与自我悦纳的基础上,个体就可以开始规划自己的行为目标、调整自身行为,规划目标、调整行为这一动机就是个体进行自我完善的过程,个体通过完善自我能够达到改造自己个性的目的,使自己的个性最终能够适应社会的发展需要。

在个体进行自我教育的过程中,自我完善是实现自我教育的主要手段,自我完善对个体不断提高自我做出了要求,要求大学生从小事做起,从实际行动开始,大学期间,大学生不仅要重视自我的发展,还要在自己力所能及的范围内积极参与社会实践,增强自身责任感,努力为国家与社会奉献出自己的力量,使自我价值在社会实践中得到发展,为树立丰富、健康与完善的自我打下坚实基础。

总的来说,大学生在发展自我意识的过程中会对自己进行不断的反思与超越。因此,大学生在进行自我完善与自我超越时,要将自我意识落实在实际行动中,结合自身理想与社会实际,时刻提醒自己肩负时代重任,在自我完善的过程中,要尽可能发挥主观能动性,最终克服困难、实现理想,达到对自我的完善与超越。

第三章　大学生情绪管理与心理健康

良好的情绪是保持心理健康的基石，大学生需要及时调整自身的情绪。本章从情绪概述、大学生情绪问题、大学生情绪管理三方面阐释了大学生情绪管理与心理健康的关系。

第一节　情绪概述

大学是吸收知识、掌握技能、积累人脉等最迅猛的时期，也是性格品质可能会发生较大改变的时期。在这个时期，大学生的情绪起伏较大，良好的情绪有助于大学生身心发展，而不良情绪则会影响大学生正常的学习、生活，甚至对大学生步入社会工作带来深远的影响。

一、情绪的概念及种类

对情绪这一复杂心理现象进行研究，首先要对情绪的概念进行定义与了解，给出学术性的定义才能更好地进行学术研究，进而对其进行分类，将复杂的组成部分系统性地梳理开来。

（一）情绪的概念

"何谓人情？喜、怒、哀、惧、爱、恶、欲，七者，弗学而能。"[1]这句话出自《礼记·礼运》，说的是人的情绪不用通过学习就能表达出来。情绪是人生而

---

[1] 戴圣.礼记[M].北京：蓝天出版社，2008.

即有的,对于各种情绪的感受也是人人都有切身体会的,但要把情绪系统化、理论化地论述清楚却不是一件容易的事情。所以,心理学家往往将情绪分解许多成由关键成分组成的复杂心理现象,分别加以研究。

所谓情绪,是指个体受到某种刺激所产生的一种身心激动状态。情绪是在个体与环境中对个体有意义的事件之间关系的反映。客观事件或情境对人的意义有积极的,也有消极的。因此,情绪也有肯定与否定之分。对人有积极意义的事件可以引起肯定性情绪,如快乐、喜欢等;而有消极作用的事件则可以引起否定性情绪,如悲伤、厌恶等。

情绪不是自发的,而是由刺激所引起的。引起情绪的刺激,大多是外在的,生活环境中的人、事、物的变化,都会影响人的情绪。温暖的阳光、清凉的海风、无际的草原使人心旷神怡;嘈杂的市场、拥挤的街道、污浊的空气会使人烦躁不安。但也有一些情绪是由人的内在生理变化引起的,如腺体的分泌、器官的失常或一些内在的心理活动、记忆、想象等也会产生不同的情绪。

每个人所体验的情绪性质,是主观的,不是客观的,不同的主体对同一件事也可能会产生不同的情绪体验。例如,老师在课堂上批评两个上课说话的同学,其中一个觉得老师是为了他好,是对他表示关心,虽然当时有些不好意思,但很快就过去了;而另一个同学则认为老师是在故意刁难他,让他当众出丑,是对他的打击报复,所以他产生了十分痛苦的情绪。

情绪的产生虽然与个人的认知有关,但在情绪状态下伴随产生的生理变化与行为反应往往也不易控制。例如,一个学生快要期中考试了,他明知应把所有的精力都放在学习上,却由于某些事情的干扰,总是焦虑,不能专注地学习。

人类的情绪是复杂的。情绪包括外显行为、内在体验的生理唤醒等成分。而且它是一个动态的过程,它反映了人对周围事物的态度,也是人对自己所遇事物满意程度的反应。人的情绪经历了由简单到复杂的过程,是人类社会历史发展的产物。

(二)情绪的分类

人有着多种多样的情绪,而情绪的分类需要按照不同的标准来确定。心理学家按照不同的分类标准,分出了不同类型的情绪。有些心理学家以情绪的演化过程或者刺激类型来对情绪进行分类，分为以下六类：

第一类情绪是人原始的基本情绪，往往伴随着高度的紧张，有快乐、愤怒、悲哀与恐惧这四种表现形式。

第二类情绪是人由于受到刺激而产生的情绪，这类情绪往往是温和的或者强烈的，有疼痛、厌恶和轻快等不同的表现形式。

第三类情绪与人的自我评价有关，其表现形式取决于制定的评价标准，如成功感与失败感、骄傲与羞耻等。

第四类情绪与他人有关，且往往在持续一段时间之后会转化为持久的情绪倾向或者态度，以爱和恨为主要的表现形式。

第五类情绪与人对事物或者他人的欣赏有关，如敬畏、美感和幽默等。

第六类情绪状态最为持久，也可以叫这种情绪为心境。

林传鼎是我国著名的心理学家，他将情绪进行分类，分为十八类：安静、喜悦、贪欲、忧愁、愤急、恐惧、恭敬、烦闷、惊骇、抚爱、哀怜、悲痛、愤怒、傲慢、嫉妒、惭愧、羞耻、憎恶。

而我国另一位心理学家黄希庭教授对情绪的分类是按照情绪的时间序列性或刺激物属性的方式进行的，主要有以下五类：

第一类是情调，也就是随着人的感觉而产生的情感。例如，当我们说到"愤怒的波涛""厌恶的气味""凄惨的夜晚"的时候，这里所感知到的"波涛""气味""夜晚"都带有一种特殊的情调。

第二类是激情，即一种猛烈爆发的、强烈而短暂的情绪状态。例如，暴怒时，"暴跳如雷""怒不可遏"等；狂喜时，"捧腹大笑""喜不自禁"等。

第三类是心境，即一种比较弱、持久而具有渲染性的情绪状态。例如，"人逢喜事精神爽，雨后青山分外明""忧者见之则忧，喜者见之则喜"等，正是这种情绪的表现。

第四类是应激，也就是人在意料之外的紧张情况下所产生的情绪。例如，当人们遇到地震、台风或者海啸时，或者司机在驾驶车辆时突发故障等情况下产生的复杂的身体反应和心理反应，这些都可以称为应激情绪。

第五类是情操，也就是对于一些具有文化价值的东西，如道德、学问等，人会产生的一种复杂情绪。例如，由人的道德需要的满足情况而产生的道德感，由人审美需要的满足程度而产生的美感等。

二、情绪的功能及意义

情绪是一种非常复杂的心理现象，心理学家之所以对这种心理现象进行深入的研究，是因为它对于个人的心理健康、个人的工作和生活等各个方面都有着非常重要的影响。其主要表现在情绪的功能及意义上。

（一）情绪的功能

个体在日常生活中，每时每刻都处于某种情绪状态之下。情绪是个体在内心活动过程中产生的心理体验，在人进行认识和活动的过程中产生，并且反过来作用于人的认知和活动过程。因此，对任何人来说，情绪都有着非常重要的作用。情绪的功能也是情绪性的重要体现，主要体现在动机作用、信号功能、健康功能和调控功能这四个方面：

1.动机作用

情绪与动机有着密切的关系，主要表现为情绪具有动力性和弥散性的特点，可以调整个体动机的强度。积极的情绪一般可以激励个体，增强个体行动的动机，如愉悦、爱、自信等积极情绪会增强人们的行动能力；负面的情绪往往会降低个体的动力，如恐惧、痛苦和不自信等负面情绪会降低人们活动的积极性。情绪对动机的影响不是一成不变的，有些情绪既可以提高行动的动力，也可以降低行动的动力，如悲伤可以使人沮丧，降低动机强度，但也可以成为个体奋斗的力量，从而增强动机强度。自信可以增强个人斗志，但过度自信也可能会让人迷失自我，从而降低斗志。

2.信号功能

表情是情绪的外部表现，也是一种非语言类型的交际方式。因为人们可以通过表情来传递信号，所以人们能够借助表情来表达自己的情感、想法或者愿望。表情比言语的出现还要早，具体可以分为面部表情、肢体动作以及语言表情等类型。人类在传递信息的过程中，有超过一半的信息是通过非言语表情进行传递的，有一部分信息是通过言语表情来传递的，非常少的信息是通过言语进行传递的。

在婴儿不会讲话之前，主要通过情绪表达与外界进行互动，如当婴儿饥饿或不舒服的时候，他会通过哭声或者其他情绪表达方式向抚养者表达自己的需求，当婴儿感觉很舒适的时候，会用微笑或其他情绪表达方式来表达自己的感受。在成人的人际互动中，人们通过微妙的面部表情、肢体动作、语调语速等来表达个人情绪，这些表情比语言更具生动性和表现力，尤其是在语言信息模糊的情况下，人们通过识别他人表情来揣摩他人的心思。因此，表情是个体在人际交往中进行情感交流的重要纽带。

3.健康功能

情绪的产生往往伴随着各种生理反应。例如，人在恐惧时常会出现口渴、出汗、战栗、脸色发白等一系列反应；紧张的时候会出现心跳加速、血压升高、出汗等反应，这些生理反应会对个人的身心健康造成一定的影响。我国古代医书《黄帝内经》中就有"怒伤肝，喜伤心，思伤脾，忧伤肺，恐伤肾"[①]的记载。现代医学也认为，很多心因性疾病的产生与个体的情绪失调有着很大的关联，如头痛、高血压、神经性皮炎等。所以积极的情绪对身体和心理的健康有很多益处，如果个体能够保持愉快的情绪，对生活保持乐观向上的态度，那么其身体的免疫功能也会更加旺盛、更加活跃；反之，消极的情绪会对人的身心健康造成极大的危害，如果个体长期处于一种压抑、恐惧、不愉快的负面情绪下，人体的免疫能力就会降低，患各种疾病的风险也会提高，甚至还会伤害到人体的内脏功能。

4.调控功能

情绪的调控功能是指情绪对个体的其他心理活动和行为既有积极的促进作用，也有消极的瓦解作用。一些消极的情绪，如恐惧、悲哀、愤怒等，会干扰或抑制个体的认知功能，考试焦虑就是经典的例子。学生在考试时压力越大，越容易出现紧张、焦虑的情绪，而这些情绪极有可能使得学生注意力无法集中，影响思维的流畅性，从而影响效率和考试水平，甚至出现"晕场"现象。不同难度的任务需要不同的动机水平，不同的动机水平会带来不同的情绪唤醒程度。在执行复杂的任务时，应该保持低水平的情绪状态，以保证任务能够达到最佳的操作效果；在执行一般任务时，应该保持中等的情绪水平；在执行简单任务时，则应该

---

① 佚名.黄帝内经[M].北京：蓝天出版社，1997.

保持高情绪唤醒水平，以保证自己的工作效率。

（二）情绪的意义

情绪对个体的学习、工作和生活都有着重要的意义，良好情绪和不良情绪对身心健康的影响就是情绪的具体体现。

1.良好的情绪有助于促进大学生身心健康

人们常常会按照自己的需要是否得到了满足而对情绪进行划分，主要有积极和消极两类。积极的情绪有轻松、满意、愉悦等；消极的情绪有愤怒、悲伤、难过、绝望等。这些情绪或者反应都是个体因为受到内、外界刺激而产生的。其中，一些看似没有好处的不愉快的情绪其实在一定程度上对人们的身心健康存在意义和作用，是个体生命中不可缺少的一部分。例如，人们出现的焦虑、恐惧、愤怒等情绪，往往是警戒个体注意危险的一种信号，可以使人们集中自己的注意力，使身体处于高度警戒的状态，与此同时，身体也会产生巨大的能量以帮助个体逃脱危险的境地。我们也可以把它们视为个体的自我调节和自我保护的一种机制。因此，在受到外界刺激的情况下产生的适当情绪反应，无论它给人带来的情绪感受是积极的还是消极的，都对个体的身心具有重要的意义和价值，其中的任何一种情绪都不可以缺少。因而，此处我们所讲的大学生的良好情绪指的是，大学生的积极情绪多于消极情绪，拥有适时适度的情绪反应，善于进行自我情绪调节和控制，拥有较为稳定的情绪和情感。

通过医学、现代生理学和心理学的研究，我们发现，情绪往往可以直接影响个体的身心健康，甚至可以说情绪可以主宰人们的身心健康。如果大学生可以长期保持比较愉悦舒畅的心情和乐观开朗的态度，那么其人体免疫功能就可以保持比较活跃的状态，感染疾病的概率会大大降低，对身心都有着巨大的益处。中国有句俗语是"笑一笑十年少"，意思就是愉悦舒畅的心情可以让人保持更健康的状态，延缓衰老的进程。积极良好的情绪不但可以提高大学生的身体健康状态，而且还对大学生的心理健康有着积极的作用。情绪积极稳定的大学生往往会更加热爱生活，充满了自信，同时还会有浓厚的好奇心和求知欲，思维敏捷，有着创造的能力和广泛的爱好，做事积极主动，乐于结交朋友和建立新的友好关系，这些都会对大学生的学习和生活产生巨大的影响，激发大学生的潜能，实现大学生各方面素质和能力的全面发展。

2.劣性情绪会对大学生身心健康产生危害

劣性情绪指的是个体产生过度的情绪反应或者长期处于消极情绪，例如，在遭遇不幸事件之后，个体产生的悲伤和忧郁情绪持续很长的时间，无法得到消除，或者在面对一些事情的时候，个体产生的情绪反应过于激烈，即使是愉快的情绪，也可能会因为反应过度而成为劣性情绪，如范进中举之后狂喜致疯的故事。这些劣性情绪的存在都会给个体的身心健康造成极大的危害。

当个体在劣性情绪（如压抑、紧张、焦虑、恐惧等）的长期作用下，身体的免疫功能会降低，容易感染各种疾病，同时内脏器官（尤其是消化系统和心血管系统）也会受到影响，容易患上高血压、冠心病等。例如，医学史上曾有这样的记载，彼得格勒被德军长期围困，城中的居民产生了持续的紧张和焦虑的情绪，导致患高血压和溃疡病的患者显著增多。偏头痛、心律失常、胃溃疡等是大学生群体中常出现的疾病，这些病症的出现往往与个体产生的紧张、压抑和焦虑等劣性情绪有关。

持续的消极情绪和强烈的情绪反应都会对神经系统的功能造成影响，使大脑皮层兴奋和抑制的平衡被破坏，造成个体的认知范围缩小，失去原本的判断力和自制力，甚至有的严重到造成个体的精神错乱、行为失常等。根据调查显示，大学生群体中经常出现的心理障碍和疾病多数会与个体身上持续存在的消极情绪有关。例如，神经衰弱往往与个体长期处于焦虑和紧张的情绪有着直接的联系。一些大学生因为无法对自己的不良情绪进行调整和消化，所以长期处于苦闷压抑的生活状态中，对学习和生活造成了严重的影响，有些人甚至选择自杀，最终造成悲剧。

因此，劣性情绪是大学生保持健康积极的学习和生活状态的敌人，它对个体的身心健康有着极大的影响和危害。

三、大学生情绪的特点及影响因素

大学时期是大学生的情感从感性过渡到理性的重要阶段，这个时期的情绪特点与其他时期有着显著的区别。

（一）大学生情绪的特点

大学生正处在青年期，具有青年人共有的情绪和情感特征。大学生这一群体具有独特的社会地位、知识水平、心理发展特点及生理状况，使得他们的情绪和情感又具有鲜明的特点。

1.情绪易起伏波动

大学生的情绪起伏波动比较多，这主要表现在两个方面。第一，大学生的情绪变化频繁，常常处于两个极端之间。各种事情都可能引发大学生的情绪变化，如人际关系的变动、学习成绩的好坏等，使得大学生的情绪容易从一个极端走向另一个极端，如有时情绪饱满高涨，有时低沉难过等。第二，大学生的情绪往往容易波动和产生交替，这主要是由于大学生在生理、社会和心理上发展的不平衡所产生的矛盾冲突导致的，并通过情绪进行抒发和表达。与此同时，大学生还没有形成高水平的辩证思维，所以在看待问题和矛盾时容易偏激，反映到情绪上就是情绪的两极反应。此外，大学生有着较广泛的社会活动范围，所以会出现大量的因素影响大学生的情绪，如生活中的人际关系、学习上的各项成绩和恋爱因素等。这些因素所引起的情绪有些是能够被意识到的，而有些则未被意识的，它们也会导致情绪的波动。

2.情绪的兴奋性高

青年期被美国心理学家G.S.霍尔称为"疾风怒涛"的时期。大学生的情绪特点为强烈性、爆发性和易激动，也就是说大学生拥有较高的兴奋性。当成年人和大学生处于同样的刺激情境下时，成年人的情绪反应可能不会很明显或者很强烈，但是大学生的情绪反应往往会比较强烈。他们对各种事物都有一种较为敏感的心理状态，有着较快的反应，所以遇到事情容易冲动行事。例如大学生在校园里打架斗殴的事件等，甚至还有一些伤害或者杀人的事件。造成大学生情绪这一特点的原因主要有两方面：一是个体在青年期的神经内分泌的活动特点，使大学生的神经活动的兴奋过程往往优于抑制过程，并且容易引起兴奋的泛化和扩散，导致情绪的兴奋性较高；二是在大学期间，大学生的自我意识会不断地发展，其社会活动的范围也在不断地扩大，他们会在外界事物与心理需要上产生一些矛盾，这也会引发大学生较为强烈的情绪。

3.情绪的文饰现象

一般情况下,大学生情绪体验与外部表现是一致的。例如,班集体在文体比赛中获胜时,学生们欢呼雀跃,毫不掩饰自己的情绪。然而在这个阶段,大学生的知识经验增加,拥有了更成熟的自我意识。在一些特定的场合和情况下,大学生往往会出现不一致的外在情绪表现和内心实际感受,这就是情绪的文饰性。他们的情绪表现不仅受自己主观体验的制约,而且也受客观环境因素的影响。例如,两位男女大学生虽有爱慕之心,但在公共场合下,却表现得十分淡漠。大学生自我意识的发展和成熟是这种现象出现的主要原因,这种社会意识的觉醒会让大学生更加注意自己的情绪表达是否符合当时的社会情景,是否恰当和适度等,是否有损自己在他人心目中的良好形象则是大学生衡量自己情绪的重要标准之一。其实,这一点也能体现大学生心理的闭锁性这一特点。

4.情绪的心境化

大学生情绪的强烈冲动、起伏波动只是一个方面,与之相对的是大学生情绪的心境化,也就是一种微弱、持久的情绪状态。大学生心境化的主要表现是情绪和情感的持续时间比较长。例如,一次考试的成功或比赛的胜利所引起的愉快的心情会持续一段时间,同样,一次考试的失败也可能使其数日都心情不好。大学生的智力水平和知识素养普遍较高,其情绪的自我控制能力也会随着自身社会经验和知识的积累而提高,能够自我调适自身的强烈情绪,最终趋于心境化的方向。大学生情绪心境化和情绪激动这两个特点都存在于大学生的情绪体验中,体现了大学生情绪从不成熟到成熟的发展过程。

5.社会性情绪占主导地位

大学生的情绪不仅仅会因为生理需求而产生,还会被社会需求和自我完善需求所引发,后者我们可以称之为社会情绪表现。大学生在学习科学文化知识时可以养成理智感,在集体生活中可以养成道德感,在文体活动中可以获得美感,在政治活动中可以形成责任感和义务感,这些都是社会情绪的表现。这种社会性情绪在大学生身上表现得非常鲜明和强烈,占据了大学生情绪的重要地位。大学生社会化性情绪的发展与大学生的社会成熟水平有着很大的关联,且两者的发展基本上是一致的。大学生的社会成熟水平和文化素养提高,其社会性情绪在所有情绪中占据的比例和发展水平也会随之提高。以上情绪呈现的特点,不仅可以解释大学生情绪障碍或者情绪不良的原因，还可以作为对大学生进行情感教育和心理咨询的基础条件。

（二）影响大学生情绪的因素

影响大学生情绪的因素主要有主观因素和客观因素。主观因素主要是指大学生自身因素，客观因素包括社会因素、家庭因素和学校环境因素。

1. 大学生自身因素

影响大学生的自身因素可以分为个体生理因素和个体心理因素两个方面。大脑和外周神经系统复杂的生理反应和化学反应会引起人的情绪变化，而如果这些部位受到生理性损伤或者产生病变则会引起个体性情的巨大变化。与此同时，大学生情绪产生问题，个体的人格特质也扮演着重要的角色。大学生如果容易被外界干扰，这种人格特质，会导致其情绪往往不是非常稳定，甚至会无法面对一些重大挫折和困难，出现情绪失控的情况。

2. 社会因素

影响大学生情绪的社会因素，具体表现为现代社会的变革影响以及社会上多元化价值观的冲击。随着社会主义市场经济的建立和发展，社会中引入了竞争机制，人们的生活节奏较以往更快，人与人之间的社会关系更加复杂，人们固有的传统观念和现代观念产生碰撞，大学生的价值体系需要重新塑造。在转型时期，企业裁员和贫富差距加大等社会问题，会在短时间内以连续不断的方式影响大学生。一些大学生社会阅历浅，心理应对能力和承受能力弱，极易引发心理严重失调，产生不良情绪。从这个意义上说，大学生情绪问题是社会问题在大学生身上的集中体现。

3. 家庭因素

在大学生的心理问题中，家庭的问题特别是小时候的家庭经济状况，家长的教育态度、内容与方式，家庭成员之间的亲疏关系等都会对学生成长产生重要影响。许多有严重心理问题的学生，在亲子关系上都不太好。

4. 学校环境因素

虽然高校的教育教学质量在不断地提高，但是仍然还有部分高校存在一些办学问题。例如，有的学校盲目地扩大办学规模，有的学校不注重举办高质量的校园活动，有的学校对学生的专业培养的能力不足，有的学校的教师管理不到位，更重视学生的学习成绩，而轻视了能力的培养等，再加上现在的就业压力的问题，使一部分刚刚步入大学的学生觉得"这不是理想的大学"。

第二节 大学生情绪问题

一、自卑

自卑是自我评价过低，对自己的能力持怀疑和否定的态度和情绪。自卑的表现多种多样，有人对自己的身体表现得不自信，例如，认为自己长得丑、矮、胖、黑，或者眼睛小、鼻子大、腰粗，或者跑得慢、声音不好听等。还有人自认为患有某些生理暗疾，如失眠、盗汗等。由此认为自己天生不如别人，产生自卑情绪。也有些人的自卑表现为心理、社会能力方面，如不会与人交往，容易产生害羞、胆怯、恐惧、紧张甚至焦虑等情绪。或者认为自己的学习能力差、没有什么特长，不愿与人沟通，从而产生畏难情绪和逃避行为。甚至有人由此产生孤僻、多疑、偏执、消沉等各种烦恼。

二、嫉妒

普通的嫉妒表现为对别人有超过自己的成绩、荣誉或赞誉、奖励、机遇等时产生的内心消极、抵触和痛苦、愤怒等不良情绪。

嫉妒对于心理健康的影响非常大，学生可能会因为嫉妒而心理失衡，引发内心的不平、难过、烦躁、痛苦和不安等情绪，然后对嫉妒对象产生更加不满和愤恨的心情。嫉妒者往往会将自己的不幸和他人的幸福放到一起对比，继而内心更加痛苦。而且，对于本身比较聪明、有些才华的大学生而言，他们会苦于自己的才华无法施展、得不到认可，所以其才智可能会用到嫉妒别人上，就会比其他人更加痛苦。当然，如果无法摆脱嫉妒心理，反而任由自己接受嫉妒心理的支配，想方设法地去破坏别人的学习和生活，甚至做出疯狂的举动去伤害他人的生命，做出触犯法律的行为，走上犯罪的道路，最终受到法律制裁，使得多年的努力和付出都付诸东流，这样的话只能说是咎由自取。

三、愤怒

一个人产生愤怒，大多是因为遭受了自己认为不应有的挫折或打击，如个人尊严受到挑战、荣誉遭到玷污、生存遇到危机等情况。当然，根据心理学的研究，个人的气质类型、性格、生活经验、处理事务或矛盾的技巧等也是愤怒产生的重要因素。年轻人生活阅历少，同时又年轻气盛，遇事难免容易冲动，自我克制不住。脆弱的自尊和沟通能力差相结合，再加上对别人的尊重理解包容度尚未修炼到相应的高度和深度的时候，当不公正待遇以及形形色色的矛盾冲突突然降临时，脑子一热，就会不想克制自己，只想出了这口恶气。

四、焦虑

焦虑在我们看来是不健康的心理状态，理应被消除。然而焦虑好像一直在我们身边，始终伴随着我们的生活而存在。心理研究表明，个体的普遍焦虑与焦虑症是有所区别的。每个人身上都会出现适度焦虑的情况。例如，人们在经历考试、期待重大时刻、遭遇羞耻或者特殊场合的时候，都可能产生一定的焦虑感。不过这种焦虑感对个体并没有害处，反而是有所帮助的，因为适度的焦虑可以激发个体的活力，产生探索欲，引领人们走向美好的生活，对抗不应该出现的冷漠。适度的焦虑还可以促进社会的进步、文化的发展，使社会生活中的人际关系更加和谐，还可以帮助人的心理成长和成熟。可以说，人们的生活不能没有焦虑。但是，为了保证个体的心理健康，焦虑必须保持适度的状态，过度的焦虑对个体的身心健康是有害的。心理学家认为焦虑症有以下特点：

（1）焦虑表现是突出的、强烈的或持久的，是与处境不相称的不安和痛苦的体验，典型的焦虑症体现为一种没有明确对象或缘由的提心吊胆及惶恐不安，心理学上也称之为无名焦虑。

（2）伴有精神运动性不安，即这种焦虑不安多伴有运动性表现，如坐立不安、来回走动，甚至肢体的震颤或抖动。

（3）伴有躯体不适的自主神经功能症状，如出汗、口干、心慌气短、胸闷、心悸、尿频尿急等。

焦虑症的症状可以是急性的、突发的、呈发作式的，也可以是慢性的、持续的、长期存在的。在心理学中被称为急性焦虑和慢性焦虑。当然，还有心理学家根据自己的研究，列出了对焦虑的分析和论述，例如，弗洛伊德就曾将焦虑分为"客体性焦虑""神经性焦虑""道德性焦虑"，还有哲学家将焦虑从哲学的角度进行过深刻的论述。有兴趣的同学不妨从图书馆找来哲学专著读读。

五、抑郁

抑郁指的是个体产生的悲伤或者低落的情绪，平时常说的烦闷、伤心、难过、郁闷等心情都是和抑郁有关的不良情绪。心理学认为，即使一个人的身心健康状况良好，也不可能在所有的时间里都是兴高采烈、无忧无虑、没有任何烦恼和忧愁的。一般来说，生活中个体常常出现的忧愁、悲伤和郁闷的情绪，只要保持在可控的范围，不会对身体健康产生危害。如果一般情况下个体可以对自己的不良情绪进行排解或者自我消化，就不需要专业人员的帮助或者外界的干预。不过，因为不同人的文化修养、心理品质、情绪管理水平等方面的情况不同，所以不同的个体有着不同的心理调节能力和抗挫折或者抗打击的能力。因此这一方面需要每一个人都去坚持学习和培养自身的素养和能力。如果一个人的心理调节能力不强，同时还遭遇了重大的挫折或者经受着巨大的压力，就可能会出现心理失衡或者产生抑郁性反应的情况。此外，还有一些情况表现为，由于一些大学生从小就受到较多的爱护，或者接受的教育是"只要学习好就一切都好"的单一形式，缺乏对社会的了解，社会经验不足，没有充分地进行自我的心理认识，所以没有处理人际矛盾和应对心理挫折的经验和准备，当他们遇到一些常见的或者一般水平的心理打击或者挫折的时候，也会产生较为严重或者较为明显的抑郁情绪，出现强烈的心理反应，这些也都是意料之中的情况。

如何识别出现了抑郁障碍呢？首先，是抑郁的反应和其所遇到的境遇或困境不相称，抑郁反应太过明显或超过了通常应当缓解改善的时间，表现为悲观、抑郁、愁闷，也可能伴有失眠、伤感的心境低落。抑郁会逐步加重，渐次会出现自责、自罪、自我评价过低的反应，认为前途渺茫，生活兴趣下降，进一步发展还可能有懒言少语、注意力下降、思考困难、躯体不适感增加，严重时会有厌世轻生的观念。

除焦虑、抑郁外，还有一些其他不良情绪或情感的情况要予以关注。例如兴奋，尤其是过度的兴奋，情绪过度高涨，不知疲倦甚至凌晨即起、挥霍钱财、做事虎头蛇尾等；或者过于敏感、易怒、偏执、容易与人发生矛盾；或者情绪忽高忽低，高兴起来喜形于色，悲伤起来闷闷不乐甚至痛苦不堪。这些不良情绪情感无法摆脱，家人、同学、朋友劝说无效或虽有效但效果微乎其微，这时就应当提高警惕，必要时要请专业心理老师或精神科医师给予诊断、鉴别。

六、恐惧

恐惧其实是个体身上出现的企图摆脱危险的逃避情绪。人人都会在某些时刻产生抗拒的情绪。正常情况下，人的恐惧是在某种危险或者威胁情境下产生的。如果对于一般人都不会害怕的事物产生恐惧，或者恐惧的情绪反应过于强烈、持续时间过长，就会成为一种病态的恐惧，也可以称之为恐惧症。恐惧症具体指的是个体对一些特定的事物、活动或者情境产生的难以克服的恐惧情绪，且个体会处于持续的紧张状态，并伴随着出现一些焦虑的反应，如紧张、不安、忧虑等，还会出现一些逃避行为和植物性神经系统的变化，如心慌、发抖、出冷汗等。恐惧症往往还具有明显的强迫性，也就是说，个体本身清楚自己的恐惧是过度的、不必要的，但是仍然无法克服和抑制这种情绪的出现。

恐惧症的表现形式主要有以下三种：

（1）社交恐惧，多见于青春期，表现为害怕在众人面前出现、害怕被人注意，严重者不敢与人对视、怕见人，拒绝与同学建立关系。

（2）动物恐惧，女生多见，主要是害怕猫、狗或昆虫之类的动物。

（3）境遇恐惧，表现为害怕黑暗、雷电、悬崖、空旷、登高等。

大学生群体中常见的恐惧症主要为社交恐惧。社交恐惧是大学生在人际交往时（尤其是与异性交往）出现的极度紧张、畏惧的情绪。赤面恐惧和视线恐惧是社交恐惧的两种主要表现。赤面恐惧指的是个体在他人面前（尤其是异性面前）出现害怕和脸红的反应；视线恐惧指的是个体不敢和他人产生视线对视，担心别人通过自己的视线看出自己内心一些不愿意表达的想法。焦虑和回避行为往往也会在患有社交恐惧症的大学生身上出现，当这些大学生想到即将要发生的、自己所恐惧的交往情境时，就会产生紧张不安、心慌胸闷等焦虑的症状。为了防止恐惧情绪的进一步出现，他们就会主动逃避可能引起自己恐惧的场合，如尽量不出现在公共场合，尽量不与人接触等。例如，某大学生在中学时就害怕见人，进入大学后，仍然竭力回避与同学交往。在寝室，有时不得不交谈，他的目光、表现和姿态很不自然，眼睛盯着地面，面部肌肉抽动，脸红出汗，手不停地摆动，充满不安。同学们也因此减少了与他的交往，这使他变得愈发孤单，学习生活也大受影响。人们产生恐惧症的原因比较复杂，往往可能与个体生活中曾经遭遇的创伤性经历有关，也可能是经过条件反射之后建立的不适应行为。"一朝被蛇咬，十年怕井绳。"患有恐惧症的大学生往往有着特定的个性特点，如胆小、怯懦、孤僻、敏感、退缩和依赖性强等。

第三节　大学生情绪管理

情绪管理的基础是情商（EQ），是1990年美国新罕布尔大学的教授约翰·梅耶和耶鲁大学的彼得·萨罗维最早提出的。情商对应的是智商（IQ），主要包括了解自身情绪、管理情绪、自我激励、识别他人情绪和处理人际关系五个方面。提高情商是把不能控制的情绪变为可控制的情绪，从而提高理解他人及与他人相处的能力。同时，情商高低是决定人成功与否的关键。

人们的情商在先天上并没有很大的差异，是可以通过后天的学习和训练等方式提高的，而青春期和青年期是进行情商学习训练的关键时期。此时，学生一边面对着巨大的学习压力，一边要面对身心状况的诸多变化，所以很容易出现心理失衡和心理矛盾的情况。他们常常会被一些问题困扰，如厌学情绪、考试焦虑等等，这些困扰的问题往往会导致不良情绪的出现。这种现象产生的原因，既有外界环境因素的影响，也与个体的情绪和情商的管理学习训练有关。

情绪管理是指通过研究个体和群体对自身情绪和他人情绪的认识、协调、引导、互动和控制，将个体和群体的情商进行充分的挖掘和培养，形成驾驭情绪的能力，从而可以使个体或者群体保持良好的情绪状态，具备良好的情绪管理效果。进行情绪管理的具体做法有、进行认知调试、合理宣泄情绪、积极防御和理智控制不良情绪、及时寻求专业人士的帮助等。在这种理论看来，虽然不良情绪不能被完全消除掉，但是我们可以对其进行有效的疏导和管理，并且进行适度的控制，以保证身心的健康。

情绪可以简单地分为积极情绪和消极情绪，情绪引发的行为也有好坏之分，所以情绪管理不是消灭消极情绪，也不可能完全消除消极情绪，而是管理消极情绪，疏导消极情绪，将消极情绪转化为合理情绪，这是情绪管理的基本范畴和作用。

情绪管理的具体做法所依据的理论和方法很多，择要介绍几种如下：

一、接受现实，顺应自然

在中国古代哲学思想中就含有许多崇尚自然、敬畏自然、顺应自然的内容，如"知足常乐""塞翁失马，焉知非福""好事多磨""坏事变好事"等，都是古人在这方面的智慧结晶，是古代人们应用辩证的哲学方法来进行自我情绪管理，保持乐观心态，也是长期实践以后的人生经验总结。对于摆脱烦恼、总结经验、自我激励都很有作用。

二、心理防御方法应用

心理防御机制自从被弗洛伊德提出之后，心理学家就对其进行了深入的研究。其研究对象并非局限于病人身上，还可以帮助人们进行情绪管理和分析。例如，有一位妇人的丈夫去世了很久，她仍然不肯承认丈夫离世的事实，每天吃饭的时候还是会摆上丈夫的碗筷，丈夫的衣物也一直进行整理。和别人谈起丈夫时，也只是说他出差在外，而非去世了。尽管这位女士在生活和人际交往方面都表现得很正常，没有什么问题，但是因为她不愿意承认事实，一直抱着非客观的态度看待丈夫的离世，所以她周围的亲友产生了纠正她的强烈愿望。不过从心理学的角度解读这个寡妇的心理，虽然她是在客观上否认事实、逃避现实，但是她内心的痛苦也因此得到缓解或者暂时被摆脱。这也体现出心理防御机制在实际生活中的应用。

还有一种是升华，当一个人遭遇挫折或打击而导致其重要的情感或人生目标无法实现时，会采用一种更加高尚、合理、有益超脱的方式去应对的心理防御机制。例如，一个人失恋以后，强忍痛苦，刻苦学习、工作，反而成就了一番事业。对于误解或伤害过自己的人以德报怨、不计前嫌，最后成就了一段佳话，如，中国古代的《将相和》的故事，大文豪歌德因失恋而创作出《少年维特之烦恼》，都是很好的例证。

三、宣泄或替代

不良情绪是可以通过宣泄而得到缓解的，但宣泄的时机、对象、方法的选择同样非常重要。

一些人在生活中遇到一点儿不顺就开始哭喊、吵闹，这其实属于一种适度的宣泄，也有一些人的宣泄出现"失时"的情况，也就是在不恰当的时间和地点进行不恰当的宣泄。因为一点儿委屈而持续性地进行发泄，属于过度宣泄；在发生矛盾时无法体谅别人而对他人随意指责也属于不当发泄。通过不当的方式进行不良情绪的发泄并不是好的选择，会产生不良的影响。例如，有些人因为自己的航班延误而大发脾气，砸坏机场的公共设施，最后被警方带走进行教育处罚等。合理的宣泄方式有找人倾诉心声、表达不满情绪、进行体育锻炼等。

四、适当的表达方式

学会适当的表达方式属于情绪管理的重要方式之一。如果不能以适当的方式表达，常常会形成无效沟通。自己的心情、感受、观点，不能被对方很好地理解，甚至可能传递错误的信息，产生不良气氛，矛盾非但不能解决，还可能加重矛盾或不欢而散。例如，妈妈常常批评责备儿子："你看你，就不能认真点吗？瞧这儿弄得乱七八糟的，还都是弄错的！"儿子听后不服气，反驳道："你来弄还不如我呢！"而妈妈如果换一种表达方式，说："哎呀，这么乱，弄得还不对，看来不好弄啊，真让人着急呀！"产生矛盾的概率就会小很多。就是说，不良情绪因为较为恰当的交流、表达意见的方式而得到了有效管理和控制。发生不良情绪的概率也小多了。合理和适当的表达方式是要学习和训练的，掌握适当的表达方式无疑会提高情绪管理水平。

五、情绪治疗

情绪管理的方式包括情绪治疗、学习识别他人的情绪、学习人际关系处理的技巧等。其中,理性情绪疗法简称 RET,是由美国心理学家阿尔伯特·艾利斯于 20 世纪 50 年代创立的理论。[①] 情绪治疗的核心观点是,个体所产生的情绪不应该被单纯地认为是被环境或者所经历的事件引起的,个体对这一诱发事件的认知和评价才是情绪产生过程中主要起决定作用的因素。这一观点又被称为 ABC 理论,其中 A 指的是诱发情绪产生的事件,B 指的是当事人在经历该事件之后衍生出的相应的想法和评价,C 指的是当事人对经历的事件产生的情绪以及行为和结果。因此,理性情绪疗法认为,个体不良情绪的产生并非都和其经历的事件的大小或者糟糕程度有直接的关系,反而和当事人对于事件作出的认知和评价等方面有关。例如,同一种挫折性经历,甲身上不会产生不良的情绪,而乙身上则会出现明显的不良情绪,出现这种情况的主要原因是乙本身具有不合理的信念及对事件不恰当的评价。艾利斯将不合理信念总结归纳为三种,分别是"绝对化""过分概括化""糟糕至极"。例如对待考试失利的情况,一般来说,除非重大考试会对个人的学习生活造成严重影响,而一般性考试不会对个人的学习生活造成严重的影响,但是对于一些持有绝对化观念的学生来说,就可能因其"我是优秀的学生,即使是一次一般的考试,也不应该考得不好"的信念作用,导致他不能接受自己考试失利的情况出现,所以他身上会表现出明显的不良情绪。

应用理性情绪疗法,需要在学习和理解其理论的基本原理之后,学习分析自己产生负性情绪的原因,学会认识和纠正非理性信念,最后通过重新建立的理性信念达到纠正负性情绪为正性情绪的目的。一般来讲,个人学习掌握以上这些理论和方法会有一定的困难,常常需要心理老师、心理辅导员或心理咨询师的帮助。另外,学会识别他人的情绪,学会处理人际关系,也是情绪管理中很重要的方面。而且随着现代社会的发展,人们更加重视一个人把控自己的能力,与人合作处理人际关系的能力,也就是越来越多地研究情绪管理,并将其与一个人的基本能力和可发展、培养的是否存在潜在的领导能力相结合起来看待。

---

① 阿尔伯特·艾利斯,黛比·约菲·艾利斯理性情绪行为疗法 [M]. 重庆:重庆大学出版社,2015.

第四章　大学生人际交往与心理健康

人际关系存在于社会之中，人际交往时时刻刻都在发生。本章将从人际交往概述与人际交往能力的培养两个方面来介绍大学生人际交往与心理健康。

第一节　人际交往概述

一、人际关系的内涵

人际关系的内涵非常复杂和深刻，且具有外延性广的特点。人际关系的含义有着广义和狭义之分。广义上，人际关系囊括了所有社会关系中的所有人与人之间关系，其中人与人之间的直接关系和间接关系都属于这个范畴。狭义上，人际关系指的是两个或者两个以上个体人，通过各种媒介进行思想和行为的相互作用所形成的相互依存的关系，它包括人与人之间的心理关系、法律关系、道德关系、经济关系等。

人际关系是人们在社会实践活动中形成的各种社会关系在不同领域、不同方面的具体表现。我们可以把社会看成是由无数人际关系组成的网络结构，而社会上的每一个人都可以看成是这一复杂网络中的一个节点，这一节点同四面八方、各种各样的人发生着联系，这些联系把孤立的个人联结起来，形成各种各样的群体。在人类社会这个复杂网络中，任意两个节点或更多节点之间通过双方的人际交往相互接触、相互联系、相互影响、相互作用，从而形成各种各样的人际关系，如利益关系、心理关系、利害关系、和谐关系、非和谐关系等。因此，如果网络中任意两个节点之间没有任何形式的人际交往，也就不可能形成人际关系。总之，人际关系是一个包含内容十分广泛的概念，它存在于每一种社会关系之中，并在社会生活的各个角落表现出来。由于人们的社会生活实践是多方面的，因此人与人的交往和关系也是多方面的。按照一个人的生命历程，开始是从一些直接的、人数不多的交往中形成比较简单的人际关系，随着年龄的增长，人际交往的范围则越来越广，形成的人际关系也越来越复杂。

二、人际交往的功能

（一）信息交流功能

当前社会，信息在高速发展，个体通过人际交往可以进行信息的沟通和交流，以及信息的输入和输出，从而通过信息带来资源和机遇。纵观古今，通过利用自身的专业知识和及时的信息交流而对生活产生巨大影响的例子不计其数。例如，印尼海啸发生前，一个小女孩在沙滩上看到了海面上的异常情况，结合课堂上老师讲授过的知识，认为这是海啸发生的前兆，于是及时通知了还在海滨浴场游玩的所有人进行撤离，避免了人员的伤亡。此外，在2016年4月21日16时18分，杭州协警礼为奇在执勤时发现文二路学院路南口路面出现裂缝，立即和交警一道指挥过往车辆避开裂缝行驶。从监控中可以看到，协警礼为奇拦住一辆小轿车，仅仅三分钟后，路面瞬间塌陷。而塌陷的位置就在小轿车前方不远处。这些都是及时信息交流作用的结果。

（二）使人互相理解

每个人成长环境不同，脾气秉性存在差异，很多时候做事的方法也有差异。如果能相互沟通，就有助于实现相互理解、体谅，在矛盾发生之后的关系可能比以前还要好，让人心情愉快，还能交上新的朋友。人们常说"在家靠父母，出门靠朋友"，大学生来到一个全新的环境，生活中遇到的很多问题都需要通过积极的人际交往才能够得到别人的帮助，顺利解决问题，使人心情更加愉快地投入大学学习生活。

（三）有助于获得知识

人际交往还可以帮助人们在交流过程中获得先前没有掌握的知识。大学生来自五湖四海不同的地区，有着不一样的家庭背景、爱好、人生经历和阅历。有的人熟知农业知识，有的人了解市场经营的知识，有的人还会维修电器，有的人了解摄影的知识。大家都有自己的长处，所以人际交往可以帮助大学生学习他人的长处，获取之前不了解的知识，从而开阔自己的视野。

（四）促进心理健康

好的人际关系可以为大学生提供社会支持，有利于促进个体的心理健康。当一个人遭遇了困难或者打击的时候，容易进入心灰意冷、情绪低落的状态，此时，包容、信任、关爱，帮助大学生尽快走出低谷，恢复内心的平静安定。同样，在朋友遇到问题，需要得到帮助和安抚时，陪伴、关心和帮助，会让朋友摆脱阴霾，恢复健康的身心状态。如果一个人没有与他人进行人际交往，或者他的人际关系比较紧张，那么在遇到不顺时，他们没有朋友可以倾诉心声，也无法得到他人的关心和帮助，只能凭借自己的能力进行情绪的调节，长期处于孤独的状态，容易使人产生偏执的心理状态，甚至可能会做出一些遗憾终生的极端的行为。因此，大学生应该重视人际交往的过程，与他人保持良好的社交关系，为自己建立起良好的社会支持系统。

三、人际交往时的心理效应

（一）首因效应

首因效应指的是在人际交往过程中，人们往往会比较重视最开始接收到的信息，如容貌、语言和神态等，对于之后的信息就没有太过重视的现象。在人际交往过程中，首因效应会对人产生较大的影响，属于交际心理中比较重要的一种。人们在第一次交往过程中给别人留下的印象会在对方的脑海中占据主导的地位。一般情况下，人们常说的"给别人留下一个好印象"指的就是第一印象，其中就体现了首因效果的作用。所以，在进行各种社交活动时，如交友、相亲、应聘等，我们可以运用首因效果，来给对方留下一个较好的印象，以便日后进行良好的交往。首因效果给我们的启发是，我们不仅要在和他人初次交往时给对方留一个好印象，还可以在和日后对方的交往中纠正自己对他人的认识，尽量做到全面。当然，在社交活动过程中，首因效应只能起到暂时的效果，要想与他人进入更深层次的交往，还需要注意个人素质和人格魅力，这就需要我们注意自己的言谈举止、修养和礼节，不然可能会出现另外一种心理效应，也就是近因效应。

（二）近因效应

近因效应和首因效应刚好相反，指的是在人际交往过程中，最后一次交往时给对方留下的印象，这种印象也会让对方有着较长时间的记忆，往往比较深刻。一般来说，近因效应会在熟人之间的人际交往中发挥较大作用，所以我们平时要注意自己的行为举止，尽量给别人留下较好的印象。例如，一位很久没见过的朋友，在自己的脑海中最深的印象基本是告别时的样子；一位朋友总是惹你生气，但是你可能只能说出他让你生气的两三条原因。这也是近因效应的影响。这告诉我们，可以利用近因效应在分别时刻给予朋友祝福，给朋友留下一个美好形象，因为你有可能成为一种"光环"人物，这就是光环效应。

（三）光环效应

当你在交往过程中对某个人心生好感之后，就会对他的缺点难以察觉，他就像是被一种光环围绕，这就是光环效应，也可以叫晕轮效应。光环效应指的是我们在和他人交往时，往往会将对方的一些优点泛化到对方的其他方面，从而用不完整的个人信息组成完整的个人形象的现象。我们常说"情人眼里出西施"，所以在恋爱过程中光环效应会更加明显。恋爱的双方不会太过注意对方的缺点，认为对方的所有方面都是好的，就连别人眼里的缺点在恋爱中的人看来也不是很重要，其中就体现了光环效应的作用。不过，光环效应对人会产生一定程度的负面影响，因为在光环效应的作用下，人们往往难以察觉对方的缺点和伪装，容易轻信他人而被人利用。因此，在社交过程中，我们要养成一定的设防心理。

（四）设防心理

当人处于拥挤的人群中时，会觉得没有自己的空间，对自己的物品安全产生担忧；在两个人独处时，我们也会不时产生一种防范心理；很多人都喜欢给自己的日记本上锁，也是担心别人查看或者泄露自己的秘密。人们的设防心理是一种自我保护本能。不过这种设防心理过重在人的交往过程中可能会产生一些负面的影响，从而阻碍与他人的正常交流。

（五）投射效应

投射效应指的是，在与他人的交往过程中，人们把自己的特性投射到他人身上，假设他人的倾向和自己相同，而对他人形成印象的现象。有时候，人们对他人的猜测是出于对自己的了解，所以比较片面。因此，我们应该注意避免使用投射现象来解释他人的行为或者举动，不要随意揣测他人。

（六）刻板效应

刻板效应指的是社会中人们对于某类事物或者群体持有的一种较为固定、概括而笼统的看法。在交往过程中，人们有时会将自己对于一类群体的整体看法强加到这个群体中的每一个成员身上，而没有注意群体中个体的特征。刻板效应一方面对总体评价有所帮助，另一方面又会对群体中的个体评价有所偏差。例如，农村的学生会觉得城市的学生有着更广的见识，而城市里的学生觉得农村的学生见识非常狭隘等。

四、大学生人际交往的特点

大学生人际交往过程中有很多特点，具体如下：

（一）主动追求开放式交往

中学时期的学生主要把自己的注意力都集中在学习上，没有过多的时间和精力可以投入到人际交往过程中。在进入大学之后，因为学习的方式、学习的目的以及学习的模式都有所变化，大学生开始产生更多的社交需求，想打破原来的社交圈，结识更多的新朋友，与他人进行更多的信息交流，接受一些全新的思想。在这种心理背景下，大学生的人际交往比之前更加开放，具体表现如下。

1.交往的范围扩大

大学生在进入大学校园之前，人际交往的对象大多数是亲戚、邻居或者同学。而大学的交往范围极大地扩大，超越了家庭、宿舍、学校以及地域的限制。例如，大学生不仅可以与同一个学校的学生交往，还可以在其他的社交场合结识新的朋友；而且，同学之间的交往也不再仅限于同一个班级的学生，还可以是同一年级、同一院系以及全校可接触到的其他的所有同学；此外，交往不仅限于同性之间，也包含与异性之间的交往。

2.交往的频率提高

不同于先前偶尔的、互访式的交往，大学生的交往是经常性的，交往的频率很高，比如一些社团活动、体育活动、娱乐活动、聚会活动等集体性活动。

3.交往的方式多样

不同于先前的互访、通信的交往，大学生的交往方式出现多样化，可以利用所有的现代化设备、工具和手段进行通信和交往，此外也增加了更多的交往空间。这些因素使大学生的人际交往方式更方便快捷，人际交往的距离更广，甚至还可以将自己的交往范围扩大到整个世界。

大学生虽然有了更广泛的人际交往的范围，但是因为现在多数大学生都是独生子女，具有较强的自我保护意识，所以在人际交往中往往小心翼翼，多是"广泛交友，谨慎交心"，只有广度而没有深度，则大多是"点头之交"。

（二）追求人际交往的独立性和选择性

从大学生人际交往的特征来看，先前的人际交往主要是在师长的指导或者高年级同学的协助下开展的。而进入大学以后，大学生的独立意识开始增强，所以交往的范围和对象都有了更大的自由度。除此之外，大学期间，大学生的交往心理也开始产生变化，开始由情绪型转为理智型。先前的人际交往常常会受到不稳定情绪的作用而呈现为情绪型。随着社会经验的增加，大学生的心智也变得更成熟，可以自主地调节情绪，交往活动也不再被情绪支配，呈现为理智型。

从大学生的交往对象来看，大学生人际交往的中心对象往往是寝室的同学，人际交往的主导方式是社会工作和网络社交。然而，虽然大学生的人际交往呈现出主动、开放的特征，但是因为受到时间、精力、经济情况等方面的限制，大学生的主要交际场所还是校园。原因主要是大学生校园生活具有集体性，大家朝夕相处，不再依赖教师和父母的帮助，而相似的背景，如人生经历相似、学习任务相同等，是大学生选择同寝室、同班或者同乡作为交往对象的原因。交往的内容也常常围绕学习、考试、娱乐、思想交流、情感沟通等共同的话题展开。此外，大学生对异性有着强烈的交往愿望，这是因为大学生正处于青年中期，性生理变得成熟，性意识也随之被唤醒。大学生活刚好也为大学生提供了很多和异性交往的机会，所以异性之间也有很多交往活动。

（三）情感型交往与社会型交往并重

随着社会的发展和个人意识的成熟，大学生的社交目的也表现得更"理性化"。交友的目的不再仅仅是纯粹的感情交流，也变得更复杂。先前的交往目的相对来说比较单一，大多是为了进行情感的交流，寻找志同道合的朋友和爱情，而随着社会的发展，大学生人际交往的目的更加复杂，内容和形式也变得多样化，涉及生活的方方面面，如衣、食、住、行、学习、工作、娱乐等。可以这样认为，大学生的人际交往在注重情感交流之余，对与自身的社会利益相关的务实性也在日益提高，整体呈现出情感型交往与社会型交往并重的趋势。

（四）从注重纵向交往转向扩大横向交往

步入大学之后，大学生的生活空间较以往来说更加宽阔，与教师和家长之间的联系也比以往要少。从交往方向的角度来看，大学生的交往重点从纵向交往转向了横向交往，纵向交往缩小，横向交往扩大。也就是说，大学生的人际交往更多地转向了同龄人，从先前的同班同学之间的人际交往，扩大到与同系同学、外系同学以及外校同学。

另外，从交往效果的角度来看，大学生对于自身的社交能力和人际关系环境的自我评价并不是很高。虽然他们在心理层面上有和他人积极主动交往的意向，也注重社交知识的学习，但是实际取得的社交效果并不理想，和自己的预期存在着较大差距。

第二节 人际交往能力的培养

一、大学生人际交往的原则

（一）平等性原则

平等是指在人际交往中不卑不亢，平等相待，不因自己具有某些优势而盛气凌人、傲慢无礼、不把别人放在眼里、不尊重别人。平等是人与人交往的重要基础，只有在平等的条件下，别人才会感到愉快，才会营造出和睦又持久的人际关系。大学生还处在学生时代，与之前的经历大体相似，又年龄相仿，不论来自城市还是农村，不论外貌和经济条件如何，都不应该有尊卑之分。只有平等地对待对方，才能得到对方的信任，彼此才有可能真正成为朋友，也只有这样才能真正把自己融入集体之中，得到大家的喜爱。

（二）尊重原则

尊重从个人来讲是人们普遍追求的人生价值，是人的重要需要之一，也是人的心理动力之一。尊重别人既是待人友善的重要表现，又是自身素质、文明、修养的重要体现。有涵养的人都知道尊重别人，不因对方和自己社会地位、经济地位的差距而轻视对方，甚至在对方对自己不了解、有所冒犯时也能表现出宽容的态度。正所谓："人不知而不愠，不亦君子乎？"尊重他人就是尊重对方的生活习惯、行事做事的方式，不贬低、诋毁对方，有意见或不同看法时通过正常渠道光明正大地进行表达，不在背后搞人身攻击。正如许多国家的法庭辩论阶段禁止无端的人身攻击，在大学生辩论赛上人身攻击言论会被扣分一样，随着社会进步和文明普及，社会生活中的许多领域已将尊重别人作为一项基本要求。大学生作为正在接受高等教育的莘莘学子，已经普遍有这样的共识，但有些年轻人情绪波动大，自控力差，语言、行为有时还有不妥之处，需提高认识、加强自控，提高个人的道德修养。

（三）互助原则

互助指的是大学生在人际交往过程中，在不影响自己利益的情况下，多替对方考虑和着想，尽可能地做到互相帮助。双方都能够换位思考是大学生遵守互助原则的关键。中华民族有着5000年的悠久历史，传承着优秀品德，许多的仁人志士舍己为人，为我们做出了表率，感动了无数的人。当然，并不是所有人都能达到"舍己为人"的精神境界，但是却可以尽量做到在力所能及的范围内帮助别人。在校期间，大学生难免会经历各种各样的问题和困难，有些困境是自己就可以走出来的，但是有些就需要他人的帮助。大学生在看到他人遭遇困难时，应该尽量做到施以援助，这不仅可以帮他人解决困难，还能提升自己的能力，同时也能让集体中的成员因为互助而心情愉快。互助可以让双方在人际交往过程中实现自我的价值，还可以提高自我认同感，完善自己的心理和人格，这就是人们常说的"送人玫瑰，手留余香"。

（四）诚实原则

人无信不立，人常说"一言九鼎"，诚实是人际交往的重要原则，主要包括以下两个方面：

（1）信守诺言。自己的承诺一定要实现，当然信守承诺不可言过其实、夸夸其谈，要郑重其事、言而有信、言行一致。

（2）真诚待人。待人以诚，才是人际交往的真谛。有人做事圆滑，明哲保身，"见人只说三分话"，最终人际关系不一定能搞好。

现代大学生受到各种社会风气的影响，应予以注意。如果看到别人的缺点错误，应该襟怀坦白，并对此提出建议，但要注意方法。大学生是处在增长才干的关键阶段，有了小的缺点错误，有人指出来能够及时改正，才能有更大的进步。所谓"当局者迷，旁观者清"，指出别人缺点错误是关心、爱护对方的表现，只要把好事做好，大家都会高兴的。如果能够做到"闻过则喜"，大家在一起互相指出对方存在的不足，互相帮助、共同进步，集体的凝聚力也会更强。这是健康的、民主的，是应当提倡的。

（五）宽容原则

宽容原则指的是大学生在人际交往中保持宽广的胸怀和宽容的态度。能够站在他人的角度来进行思考是宽容的前提条件。大学生来自不同的地区，有着不同的生活习惯，在生活空间高度重合的情况下，难免会发生一些小摩擦和小矛盾。出现摩擦不要紧，怎么解决才是更重要的。不要过于计较他人的小错误，要重视彼此之间的友谊，换位思考，对于他人的小问题保持宽容的态度。不过分计较别人的问题，及时纠正自己的错误，保持宽容的态度，这对处理好人际关系是非常有利的。此外还要注意，有些同学不擅长或者羞于进行情感的表达，这一点是应该做出适当改变的，因为交往是一个循序渐进的过程，在彼此不熟悉的情况下，他人可能对你的想法不够了解，所以要学会进行自我表达。

二、培养人际交往的能力

大学生在人际交往中遇到的一系列问题和困扰，往往是因为交往能力不强、交往技巧欠缺造成的。因此，大学生应不断提高人际交往的能力，克服交往障碍，改善人际关系。

（一）提高认识

步入大学后，大学生的人际交往的对象以及交往的环境都产生了巨大的变化。想要在新的环境中发展良好的人际关系，大学生首先要及时地对自己的认知水平和认知结构进行提高和调整，如对自我的认知、对他人的认知和对环境的认知等。

1.正确的自我认识

发展良好人际关系的前提条件是建立正确的自我认识。对自己进行客观的认识和评价，能够找准自己的位置，及时地调整自己的情绪，避免产生自卑或者自负的情绪，从而保持积极乐观的态度去与他人交往。

2.客观地评价他人

生活在群体之中，大学生不能再以个人的价值观念等去要求别人，而应该着眼于他人身上的特点和优势，从客观的角度出发去评价他人，充分地肯定他人和尊重他人，这样才能在平等的基础上与人建立良好的人际关系。

3.适应交往环境

随着交往环境的扩展和人际交往类型的增多，大学生不能再单凭自己的喜恶去与人交往，而是要以接纳的态度去看待他人，适当地改变自己，与志趣相投的人建立密切关系的同时，还要对萍水相逢或是不太欣赏的人持友好态度，要学会包容和理解，维持交往环境的和谐与融洽。

4.改变交往观念

步入大学之后，大学生可能会对陌生人际群体的交往持有错误的观念，产生抵触和戒备的心理，担心自己会在交往中受伤害，并将"防人之心不可无"作为自己的交往防线。他们往往不想主动与他人敞开心扉地交往，而是带着戒备留在原地。但是人际交往并不是单向的过程，需要双方进行心理互动，互相给对方发送友善的信号。所以，大学生要采取积极的态度来进行人际交往，用友善和真诚来获得他人的友谊。

（二）掌握社交的技巧

社交技巧就像是调节人际关系的润滑剂，能够使人们在社交活动中拉近彼此之间的距离。

1.重视首因效应，优化自身形象

人们在初次交往时，往往会通过对方的容貌、服饰、体态、谈吐和礼节等方面来对其进行评价，并据此留下第一印象。第一印象一旦形成，就不容易改变，并且会影响人们日后对交往对象的整体评价和看法，即使后来的印象与第一印象之间出现差距，人们仍会倾向于第一印象，这就是"首因效应"。因此，大学生应注重优化自身形象，包括精神状态、服饰搭配和言谈举止等，要不断提高自己的交谈技巧，掌握一定的社交礼仪，塑造良好的第一印象。需要注意的是，随着交往的深入，首因效应的作用会逐渐减弱。

2.讲究语言艺术

语言艺术是指通过语言交谈来传递信息、交流情感，并达到和谐相处的目的的技巧和方法。灵活地运用语言艺术，可以吸引交往对象的注意，引起对方的兴趣，营造融洽的交往环境。

语言艺术要把握说话的分寸，尽量用简洁明了的语言表达思想，不翻来覆去、含糊其词，以避免不必要的误解。说话要注意气氛和场合，褒贬讲究语气和措辞，如赞扬要符合实际、恰如其分，批评要尽量委婉、易于接受。在交谈过程中要给对方发表意见的机会，不随意打断对方的谈话，称呼要亲切、得体，善于使用必要的礼貌用语，交谈过程中应以友好、热情、礼貌和谦虚的态度表现出对交往对象的尊重和耐心。

3.善于倾听

倾听指的是人通过听觉器官来接收言语信息，然后大脑的思维活动对收到的信息进行认知和理解的过程。倾听可以有效地维系人际关系，表达自己的礼貌和真诚，也是对他人的尊重和理解。在交往过程中，对他人的表达用心倾听，会让对方产生好感和信任感。在倾听时要注意，保持耐心、谦逊和真诚的态度，给予对方眼神的关怀，关注对方的情绪，适时地用微笑或者点头的方式给出自己的反应，还可以适当地用简单的语句进行应答，让他人感受到自己的真诚，还要注意不要随意在对方倾诉的过程中插话或者打断，也不要询问过多的问题，做一个认真耐心的倾听者。

4.掌握行为规范和体态语言

肢体的动作、表情、神态等都是在人际交往过程中沟通的重要方式。在日常的人际交往过程中，大学生应该注意规范自己的行为，使用得体的体态语言。在坐下、站立和行走时要保持端正的姿态，不能太过懒散，也不能太过做作或者拘谨；在与他人交谈时要注意面带微笑，保持专注和耐心，以体现自己对他人的尊重；在进行一些礼节性的社交行为的时候（如点头和握手），要注意保持适当的距离，不要过于亲密或者过于讨好，避免他人产生误会；还要注意对自己的情绪进行调整和控制，避免做出一些令人尴尬的事情。总而言之，在交往过程中要自然得体地运用体态语言。

5.增强人际吸引力

人际吸引包括7个基本原则：时空接近原则、外貌吸引原则、态度相似原则、需求互补原则、喜欢回馈原则、熟悉习性原则和能力崇尚原则。人与人之间的吸引力越大，相互之间越容易形成良好的人际关系。因此，大学生应注意从各个方面完善自己，不断积累自己的知识、注重自己的仪表服饰、规范自己的行为，提高自身的素质，要以接受的心态去对待他人，保持宽容、诚恳的态度；常换位思考，从不同的角度去体会他人的心理感受，善于理解他人，进而使人们的心理需求得到最大限度的满足，不断增强人际吸引力，以促进友好、亲近的人际关系的形成。

（三）培养成功交往的心理品质

能够促进交往成功的心理品质有很多，如自信、真诚、信任、幽默、热情等，如果能将这些心理因素加以合适的运用，就能帮助大学生更好地与他人进行人际交往。

1.自信

自信可以帮助我们在与他人的交际活动中表现得不卑不亢、从容大方。与此同时，还能帮助我们克服内心的羞怯等情绪，敞开心胸地和他人进行主动的交往。此外，自信还能让我们的身心处于一种轻松的状态，从而在交往中保持精神的饱满。自信的人往往会用积极的心理来暗示自己，对自己的社交能力有信心，相信自己能够顺利地与他人交往。所以自信的人的自身吸引力会更强，更容易得到他人的好感。

2.热情

在人际交往中，热情是最能打动人和感染人的特质之一。充满热情的人能够给人温暖和关怀，能够融化冰冷、打破尴尬，使气氛融洽，使交往对象感到愉悦。大学生要培养热情的品质，就要从心底里接受他人，真心地喜欢他人，真诚地关心他人和理解他人，养成为他人着想的习惯，并适时地给予他人帮助。充满热情的人，同样会得到他人的关怀和友爱。

3.真诚

真诚是一种心灵的交流，是一种无私的付出，也是一种高贵的品质。大学生在人际交往中应热情地关心和帮助他人，对朋友的成绩和优点给予积极的鼓励，对他人的不足和缺点给予诚恳的建议，要以真诚为纽带，拉近彼此的距离。与此同时，还应做到心口如一、胸怀坦荡，避免阿谀逢迎、口是心非，建立纯洁和真诚的人际关系。

4.信任

信任指的是在交往过程中，对他人的言行和动机采取积极和信任的态度，相信对方是真诚的,不对他人的举动或者行为妄加揣测,将自己的心理防线尽量降低。通过这种方式,对方就能感受到你的真诚,从而对你产生安全感和信赖感,拉近双方之间的心理距离。

5.克制

克制指的是在交往过程中有效抑制自己产生的情绪和冲动。人与人相处的过程中,不可避免地会出现一些摩擦和矛盾,如果可以对自己的冲动情绪进行克制和调节的话,就能实现"化干戈为玉帛"的效果。总而言之,在与他人进行人际交往的过程中,大学生要保持自信和热情,不断提高和完善自己的综合素质,丰富自身的内涵,善于实践和反思。

6.幽默

美国一位心理学家说过:"幽默是一种最有趣、最有感染力、最具有普遍意义的传递艺术。"[①] 幽默对于人际交往来说有着重要的作用,可以把它当作人际交往活动的润滑剂。在交往过程中使用幽默的语言可以活跃气氛,让交往双方都处于一种轻松愉悦的状态,有效地缓解交往时尴尬和紧张的情绪,促进人际交往的成功。此外,拥有幽默的品质对个体的身心健康都有益处。要想拥有幽默的品质,首先,要有深厚的知识积累,从而在交谈中发挥自己的想象,用幽默的话语表达自己的想法;其次,要胸怀广阔,对生活保持乐观和热情,培养开朗自信的性格;最后,还要有高尚的品格以及坚定的意志,对他人的错误保持宽容,以幽默的方式进行化解。

---

① 方乐平,夏晓军.能言善辩:现代人必备的素质[M].西宁:青海人民出版社,1993.

第五章 大学生恋爱心理与性心理

由于大学生的生理发育进入了成熟期，渴求接触异性，了解异性并建立恋爱关系。本章将从大学生恋爱心理、大学生性心理、大学生恋爱问题与调整等方面来介绍大学生的恋爱心理与性心理。

第一节 大学生恋爱心理

在人类发展的文明历史中，爱情是永恒的话题。爱情对于大学生来说，既可能让自己的生活更加幸福，也可能给自己的生活带来无尽的痛苦。所以我们需要了解大学生恋爱的心理特点，树立正确的恋爱观，协调好自己的爱情、学业和生活的关系。

一、什么是爱情

爱情是男女之间相互吸引最强烈的具有浪漫色彩的形式之一，是指个体性心理成熟到一定时期，对异性个体产生的有性吸引力和浪漫色彩的高级社会情感。爱情是以正常生理发展为基础的具有强烈的相互吸引力和愉悦体验的高级情感。

爱情是人的自然属性和社会属性的统一。爱情的自然属性在于它是以性欲、性心理为自然基础并由此而发展起来的；爱情的社会属性是指男女双方相互关心、相互欣赏和倾慕，自愿结合为一体而且具有排他性的情感。男女双方培育爱情的过程则称为恋爱。著名的社会心理学家斯滕伯格提出的爱情三角形理论是目前最重要且令人熟知的理论。他认为人类的爱情虽然复杂多变，但都是由动机、情绪、认知3种成分组成。动机、情绪、认知各自在两性间发生的爱情关系，分别称为激情、亲密与承诺。

激情是情感表现的一种激烈的方式，常常出现在个体受到强烈的刺激或者突然的变化之后，特点是迅猛、激烈、难以抑制等。在激情的控制下，个体的身心常常可以迸发出极大的潜力。爱情中需要激情，激情可以为爱情提供能量，缺乏激情的爱情会缺乏发展的动力以及浪漫和美好的感受。

亲密是恋爱双方的内心经过碰撞之后产生的一种感觉，包括对爱人的赞赏、照顾爱人的愿望、自我的展露和内心的沟通。爱情中不能没有亲密，否则就容易失去动力而枯竭。亲密有很多表现方式，如通过语言沟通或者肌肤接触等，有这样一句歌词"一个拥抱能代替所有"，指的就是肌肤上的接触对于两个人之间感情有调节作用。

承诺是爱情中最理性的部分，指的是恋爱中的一方或双方彼此表达对爱情的期望。承诺就像是爱情的保证，可以给双方带来安全感，避免爱情中出现危机。很多的爱情都有海誓山盟，这些在恋爱过程中是必不可少的，因为承诺可以让人对这份感情更有安全感。斯滕伯格强调"完整的爱"，这三个元素缺一不可。也就是两人之间必须在情绪上、生理上及认知上得到满足与肯定。

但是，爱情并不是只要具备了这三个要素就能实现的，它还需要双方更多的付出和努力来调节这三个要素之间的关系。从这三个要素的角度来分析，可以发现爱情并不是很轻松就能找到并且享受的东西。有很多大学生认为自己正处于恋爱的过程，但是却不清楚双方之间的关系并不是真正的爱情，只能算作是不成熟的爱情或者非爱情。

究其原因，就是这三个要素中除了激情之外的其他两个要素都需要一定的时间来实现，不是短时间内就能达成的。而且，就算激情也是需要维持的，维持激情并非易事。爱情需要经营，需要努力。人们在一段关系中产生激情是很常见的事情，但是想让激情能够平稳地过渡到"亲密"和"承诺"并不容易，能将爱情维持一生更是可以称之为一种艺术。

二、大学生恋爱的发展阶段

恋爱是对爱情的追求，但并不是个体生来就有的。只有个体的生理和心理都发展成熟到一定程度，才会产生对爱情的追求，即对爱情的追求是大学生生理发育和心理发展的自然结果。此外，大学生的恋爱心理是一个发展的过程，并非是固定不变的。其过程大致可分为萌芽期、初恋期、热恋期、调适期、稳定期5个阶段。

（一）萌芽期

从中学时代开始，大学生就进入了恋爱意识的准备阶段。但是因为中学时期紧张的学业，大部分同学没有时间和精力进行恋爱。在高考之后，大学生从升学的压力之中解脱，开始萌发恋爱的意识。与此同时，因为大学期间离开了熟悉的家乡，内心会出现一种孤独感，所以渴望与他人建立友谊，获得关心和帮助，于是异性之间开始频繁的接触。此时，同学们开始考虑自己心中的"白马王子"或"白雪公主"应该具备什么条件。

（二）初恋期

经过一段时间的交往，大学生们体验到深深的情感依恋，特别是与异性同学之间的这种友谊，更容易上升为爱情的依恋，友情可以成为爱情的基石。当大学生觉得自己已经找到了心中的那个他（她）时，初恋就开始了。

初恋一般要经过醉我、疑我、非我、化我四个阶段。"醉我"是指被追求对象迷住而感到陶醉，有一种从未有过的捉摸不透的亲近欲和冲动。"疑我"是在自己拼命展示自我后，对对方心意的一种怀疑。在这期间，常会做出一些试探来帮助自己进行判断。"非我"是指在进入了实质的求爱阶段后，激动不已，兴奋而紧张，一切都不像平时的自己了。"化我"是指恋爱关系初步确定，恋人把对方利益置于自身之上，单独的自己已经不存在，无论是读书学习还是穿戴都像是为对方存在似的。由于初恋是情窦初开时第一次对异性敞开的爱的体验，双方的内心往往都充满了新奇的兴奋和激动。初恋具有单纯性、强烈性、持久性等特点。

（三）热恋期

热恋期是恋爱的基础上，双方经过一段时间的相处，进行了充分的情感交流，爱情进入一个更充实、更热情的阶段。在热恋期的恋爱双方，都容易出现感情占主导、缺乏理性的状态，忽视对方的不足。在此阶段，因为恋爱双方朝夕相处，所以很容易在性冲动的作用下，做出一些越轨的行为，且无法对可能造成的后果进行冷静、理智的思考和判断。

（四）调适期

在经历了甜蜜的热恋期之后，恋爱双方会进入爱情的调适期。经过热恋期的朝夕相处，恋爱双方对彼此的了解更加深入，恋爱的激情减弱，进而会发现一些先前没有注意到的对方的优缺点。根据了解到的这些优缺点，恋爱双方会对对方的综合印象进行思考、分析和判断，决定这段感情是否要继续下去。所以在调适期，恋爱双方会对一些问题进行争论，有时还会出现一些冲突，双方的感情也会发生波动，有时候到达情感高峰，有时候跌入情感低谷，甚至走向破裂。

（五）稳定期

此阶段男女双方对爱情的思考趋于冷静理智，恋爱呈现较稳定的态势。如果经过热恋期和调适期的相处，双方都对这段感情保持肯定的态度，那么双方就会对对方的长处和优点保持爱慕之情，对对方的缺点和不足可以足够宽容地接受，彼此之间的关系处于平静稳定的状态，恋爱也会逐渐地进入家庭角色扮演的阶段。恋爱双方从浪漫的爱情氛围中进入现实的世界，开始考虑生活中的柴米油盐。这种形式的家庭角色扮演可以为双方将来进入婚姻做好铺垫和准备。反之，如果在恋爱的调适期，双方对彼此的爱情作出了否定的判断，那么他们的爱情就会走向破裂。

三、大学生恋爱的特点

德国著名诗人歌德说："天下哪个倜傥少男不善钟情？天下哪个妙龄少女不善怀春？"[1] 由于大学生在生理和心理上都开始成熟，所以男女青年就会有越来越强烈的愿望与异性接触。随着身心日益成熟，大学生开始对爱情产生渴望和追求。越来越多的大学生在校园期间步入了爱情。我们通过对大学生的恋爱现象进行分析，发现大学生的恋爱除了具备恋爱过程中的排他性、冲动性、强烈性之外，还有自己独特的特点。

（一）恋爱浪漫且理想化

大学生之间的恋爱带有浪漫色彩，一般只涉及彼此的爱慕之情、对学习和理

---

[1] 歌德.少年维特之烦恼[M].北京：人民文学出版社，1955.

想的交流等层面，而对一些具体的生活问题会很少讨论或者根本不讨论，如结婚、组成家庭、生育等。造成这种情况的原因是大学生的现实条件的限制，在此期间，大学生的经济并不独立，多数还要依靠父母支持，对社会的了解也不充分，没有做好足够的心理准备来迎接未来的困境和挑战，看待事情比较理想化。因此，恋爱双方如果遇到现实的问题，就很容易对彼此的爱情产生动摇，甚至想要分手。恋爱只是因为需要爱和被爱，"不在乎天长地久，只在乎曾经拥有"。

（二）恋爱的目的多样化

内心对爱情的期待和外部浓郁的恋爱氛围，使得有些大学生把在校期间谈恋爱作为一种取得生活经验的实践活动，恋爱的目的呈现多样化的趋势，有的是为了找一个志同道合的伴侣，有的是因为寂寞空虚，有的是为了相互攀比。

（三）恋爱主体自主性强

大学期间，大学生非常重视男女之间的平等权利与平等价值。所以在恋爱中，一般都有着强烈的自我意识和性格特点，同时注重感情，容易产生冲动的想法，思维不受传统习俗的限制，会自主地决定是否进入一段恋爱关系，一般不会询问父母的意见。

（四）恋爱主体自控力与耐挫力较弱

进入热恋后，大学生容易出现情感控制力下降、缺乏理智思考、过分依赖恋爱对象等情况，所以其耐挫力也会变弱。一旦在爱情中遭遇挫折，就容易进入情绪失控、不能自我控制的状态，从而影响身心健康。

（五）恋爱主体婚恋观念开放化

当今大学生恋爱观念日益开放，传统道德观念逐渐淡化。在校园幽静之处，常常可以看到拥抱、接吻等情感表达方式。有的同学对婚前性行为持认可或宽容的态度，这些学生认为"只要真心相爱，就无须指责"。

四、大学生恋爱的类型

由于大学生对爱情的理解并不深刻，却又渴望爱情。由于理想、信念、思想、人生观和心理素质的不同，可以将大学生的恋爱分为以下几种类型：

（一）互助互爱型

互助互爱型学生会在恋爱过程中保持互相尊重、互相帮助以及互相欣赏的状态，他们经常进行思想和感情的沟通，进而产生共鸣，用理性来引导爱情的进程，能够保持正确的态度，采取正确的方式来处理爱情与学业、感情与爱情、情爱与性爱之间的关系。双方会持有一致的理想抱负和价值观念，把爱情的动力转化到学习和工作当中，将事业的成功当作爱情进行下去的目标。在互助互爱型学生看来，好的恋爱应该能够帮助双方一起成长和进步。

（二）时尚攀比型

在部分大学中，恋爱被一些大学生视为时尚的代表，当看到身边的朋友或者同学有了异性朋友时，男女双方会不加深思地匆匆进入一段"恋爱"当中，以此来证明自己的魅力。然而这样的关系是缺乏感情基础的，恋爱双方都没有认真负责的态度，只是随波逐流地被非理性的感觉所支配，因而这一类型的恋爱具有很大的随意性。

（三）感情慰藉型

在大学期间，一些大学生因为没有给自己设立明确的学习目标，缺乏学习的动力，所以时常感觉自己的大学生活是孤独、烦闷的。为了将生活中的这种空虚感进行弥补，他们选择结交异性朋友，把"恋爱"当作一种近景性的精神需求，用来慰藉自己的感情。

（四）追求浪漫型

追求浪漫型的学生往往拥有比较丰富的情感，常常被一些罗曼蒂克的爱情所吸引，并且有着强烈的窥探心理和追求浪漫爱情的愿望。他们并不是缺乏对爱情的尊重，而是感觉花前月下的恋爱更有浪漫色彩和刺激感，比需要承担责任和义务的爱情更富有韵味。这一类型的恋爱也会极大地被个体的情绪因素影响。

（五）助利世俗型

将爱情视为一件双方利益交换、满足彼此需要的事情。有的同学谈恋爱首先看的是对方的物质条件，如有的同学看中对方父母或亲戚的名利地位，也有些同学利用恋爱因素，希望在某些方面获得照顾等。这类大学生往往是基于利益而恋爱，在此之前已把对方算计得一清二楚，把恋爱当作谋取功利的手段，没有爱情可言。

五、大学生恋爱的心理特点

（一）"自主性"强

大学生恋爱有很多人是"自己拿主意"，表现为不愿听别人的意见，也不愿听别人的劝告、参考意见或建议，对于和"谁"谈恋爱，对对方到底了解多少，现阶段恋爱在生活中的位置，恋爱对今后生活会产生什么样的影响，都考虑较少或从未考虑过。"现在只要自己感觉好就行，其他的事以后再考虑"是很多大学生的单纯想法。这种"自主性"看似独立，实则很可能缺乏参照和思考，缺乏经验或考虑不周，是留有隐患的。但因认识的局限性而不自知，故其处理方式也有可能会意气用事，最终留有缺陷或遗憾。

（二）冲动性

一些大学生选择恋爱对象的标准主要是对方外形能否吸引自己，"颜值"高不高起了决定作用。而对对方的脾气秉性、思想内涵、学识谈吐则了解较少，具有明显的冲动性和盲目性。恋爱一段时间后，才发现内在因素以及对于恋爱双方的内心感受才是更重要的，年轻人谈恋爱，当然会是热情和冲动的，但正因为如此，越是及早注重一个人的理想、修养、思想内涵等，就越会把握核心幸福。

（三）物质性

大学生的恋爱中需要通过物品来表达自己对恋爱对象的感情，所以恋爱肯定伴随着经济开支和消费的情况。然而一些大学生因为受到一些不良社会风气的影响，认为恋爱中物质是最重要的，这就是一种错误的恋爱观念。有些男生觉得，物质可以表达他们的诚意，而且物品的经济价值越高，代表自己的诚意也越高。也有一些女生觉得，恋爱中收到对方送的礼物的价值，可以代表对方对自己的重视程度。然而，恋爱中不一定非要用昂贵的礼物来表达自己的心意，真正真诚的礼物也并不一定要价值不菲。同样，礼物的价值也并不能衡量对方的心意，无法代表自己将来生活的幸福程度。

（四）公开性

如今大学生的恋爱环境与 20 年前的大学有很大不同。现在的大学氛围已经宽松了许多，很多同学也能够接受大学期间的恋爱，老师也大多是给予善意的指导和引导。但是不少大学生将恋情高调示人，将其看成是一种"有本事"的标志。还有些人希望自己的恋情被别人发现，或者主动诉说，或者设计各种情节来主动炫耀，就是为了使自己的虚荣心获得满足。但过于注重虚荣心的满足，则有可能会忽视对爱情本真意义的思考和理解，只是将恋爱变成一场肤浅的"爱情秀"。要知道，如果就此做了错误的选择，最终吞下这杯苦酒的还是自己。

（五）不稳定性

大学生还处于人生成长阶段，人生理想、信念以及自身的人生观价值观还未定型，学习和发展的空间还很大，因此对社会、对他人的看法也在变化之中，故恋爱也具有不稳定性。此外，还有一些其他因素，如家庭、经济、文化等的变化和差异等，也会影响到恋爱关系，对此应当有所考虑。另外，大学生本人的恋爱观的不成熟也可能导致恋爱关系不稳定，如有一些人将追求异性作为检验自己魅力的方法，这个一旦追求成功了，他就又开始寻找新的追求目标去了，所以，就频繁变换恋爱对象。这不仅是对对方不负责任，也是对自己不负责任，还可能会因此引发不少问题。

（六）理想化

部分大学生是由于受到自己对美好爱情的想象或者读过的爱情故事的影响才进行的恋爱，认为恋爱应该是浪漫美好的，但是当他们真正进入一段恋爱关系之后，才发现爱情好像没有自己想象中的那么美好，恋爱对象也并非是完美无缺的，还需要自己去包容和理解对方，这时他们就会产生一种失落和委屈的情绪。出现这种情况的原因是，这些同学没有形成成熟、客观、正确的恋爱观，他们在恋爱中很容易感觉到失望，所处的恋爱关系也会比较脆弱，所以他们应该从实际的角度看待爱情。

第二节　大学生恋爱问题与调整

一、大学生常见的恋爱问题

（一）没有恋人时的困扰

1.择偶要求脱离实际

大学生无论男女，都梦想自己心仪的另一半出现，幻想自己的王子或公主无论在外形长相、出身背景上，还是在视野眼界上，他或她都是万里挑一的。但是大学生在校时间较长，而出校时间较短，接触社会不多，其阅历自然就比较匮乏，他们在各种小说文章、影视综艺的影响下主动或被动地完美化自己的寻找另一半的标准，幻想自己的另一半是完美无缺的人。而当他们在现实中与人交往时，他们又会很简单很肤浅地考量对方的身形比例、外貌颜值和生活消费水平。这种做法的结果是部分大学生在择偶时不会考虑自己身边的异性，又没有符合他们要求的人出现在他们的生活里，于是对于他们来说，"看得见的人自己不喜欢，心仪的人自己又遇不到"已经成为常态，直到自己度过全部的花样年华。正所谓"金无足赤，人无完人"，大学生在寻求伴侣时要切实考虑自己当下的真实情况，不要只关心外在表现，而要关注内在美，确定择偶标准时不要过分考虑身高长相、消费水平等过于现实又肤浅的因素，如此一来方可找到适合自己的另一半。

2.过于相信一见钟情

只见一面就私定终身的动人故事经常出现在一些文学作品中，这些动人但不

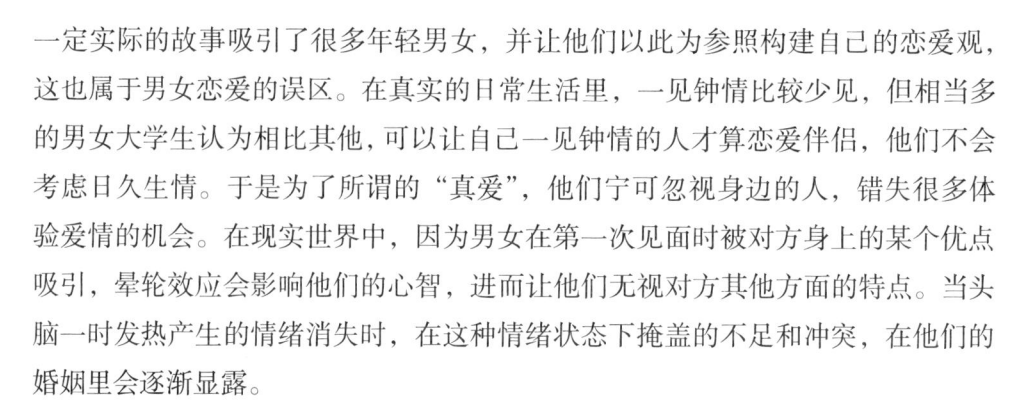

一定实际的故事吸引了很多年轻男女,并让他们以此为参照构建自己的恋爱观,这也属于男女恋爱的误区。在真实的日常生活里,一见钟情比较少见,但相当多的男女大学生认为相比其他,可以让自己一见钟情的人才算恋爱伴侣,他们不会考虑日久生情。于是为了所谓的"真爱",他们宁可忽视身边的人,错失很多体验爱情的机会。在现实世界中,因为男女在第一次见面时被对方身上的某个优点吸引,晕轮效应会影响他们的心智,进而让他们无视对方其他方面的特点。当头脑一时发热产生的情绪消失时,在这种情绪状态下掩盖的不足和冲突,在他们的婚姻里会逐渐显露。

3.自卑心理

大学生关于恋爱的自卑心理主要表现为认定自己没有吸引力,没有与异性坦然交往的勇气以及为保护自尊心而刻意回避和异性接触。在这种自卑心理的背后,往往是大学生自我评价的不恰当和不合理。例如,他们认为自己的客观条件不够优秀,身形不高大、身材不苗条,在面对异性时无法畅所欲言,且自身没有拿得出手的优点和长处,出身背景不够好,这些因素让他们认为自己没有机会吸引对方,只有各方面全部优秀、没有缺点的人才配拥有真爱,因此他们始终不敢迈出恋爱的第一步。在恋爱的各个阶段,自卑心理都会产生不同程度的负面影响,破坏男女间的感情关系。例如,一些人自卑心理过重,这使得他们在选择恋人时,随随便便找一个并不能让自己满意的人,在其后的发展中,这种自卑心理会有所缓和,但在婚姻的事实中,对对方的不满会凸显出来,造成婚姻的不幸福感。所以,很多恋爱关系的破裂,很大程度上是由于自己的自卑心理,如果不处理好自己的自卑心理,很可能造成双方关系出现矛盾,影响两个人的幸福。

(二)单相思

单相思又称暗恋,指一方在心里默默地爱慕另一方,但又没敢表白,或不知道如何表白,也无法得到对方回应的单方面情感。另外还有一些也应该归纳为单相思的几种情况。

一是错误理解了对方的意思,生活中每个人都会遇到许多异性朋友,大家因为某些原因而相识相知,有可能会有友好的表示,如可能夸赞别人,可能在对方遇到困难时给予帮助,可能赠送小礼物,但这些行为并不等于人家希望双方之间的关系发展为恋人。有的大学生误把对方的友好当成爱的表示,甚至明确询问或表白之后，对方已否认但仍不死心，从此陷入一厢情愿的单恋之中。

二是曾经亲密的恋人没能走到一起，两人因为某些原因而分手了，其中一方已经从这份感情中走了出来，整理好心情开始新的生活，而另一方却不愿接受这个现实，还在强烈地恋着对方，盼望着有一天对方还能回心转意，重新回到以前的美好时光，只是还没有采取什么行动。

三是女神（或男神）式的暗恋，就是明知对方有恋爱对象，也知道此外还有同学恋她（他），自己仍控制不住地加入暗恋的行列，也是从心里默默地爱着对方，但由于自认为身份地位等与对方存在着差距，而不知道能否向对方表达爱慕之意，只是自己的内心苦闷着。

轻度的单恋如果不影响生活，不用干预或帮助，可以慢慢自己化解，但如果情绪受到较大困扰，就要引起重视，除个人调整心理，以积极的心态来面对以外，必要时须予以帮助。如果是没向对方表达过自己的爱，最好的办法是勇于表达，选择恰当的方式和时机表白，或询问对方的想法，如果对方无意发展恋情就结束自己的单相思，也不能强制对方爱自己，不要怕被拒绝，也完全不用失落或尴尬，将心情平复下来，重新调整好心态。如果是误把别人的友好当作爱意或是对已经结束的感情还心有不甘，则应正视客观现实，要认识到自己单方面的感情付出很可能是没有结果的，而且，还可能对自己心理健康带来危害。应该调整身心，学会放弃，以新的关系态度与对方相处。做到不卑不亢、有礼有节、真诚待人、举止有度。另外，也可通过参加体育运动，培养个人兴趣爱好等方式来放松心情，陶冶情操，维护好自己的心理平衡。

（三）三角恋或多角恋

三角恋或多角恋指一个人同时与两个或多个异性保持恋人关系。例如，一些人虽然不与其他人恋爱，但他们与多个异性之间保持暧昧关系。多角恋的恋爱关系会给参与其中的人带来心理上的创伤，大学生要清晰地认识到这一点。多角恋分为两种，一种叫作捉迷藏式多角恋。多角恋发起者利用时间差和空间差，同时与两个或者多个异性交往，被交往的人都认为他或她只属于自己。这种做法一旦被发现，会给被交往者的心灵带来如同晴天霹雳的巨大冲击，甚至会发生矛盾冲突。另一种叫作公开式多角恋，也可以叫作争斗式多角恋，所有被交往者都知道恋爱发起者同时拥有多个恋人，在这种前提下被交往者们之间的争夺战频频发生，这种多角恋虽然没有欺骗性质，但不符合恋爱的道德要求，甚至会导致斗殴事件，产生不良社会影响，损害参与者的名誉。产生多角恋的因素包含以下几点：

1.恋爱态度不端正

一些同学在恋爱初期就动机不纯，妄图通过欺骗手段同时与多名异性保持恋爱关系，朝三暮四，玩弄感情，品行不端。

2.择偶标准不清晰，犹豫不决

有的大学生自身价值观还未完全建立起来，人生阅历有限，对于异性更是了解不多。谈恋爱前对于自己想找一位什么样伴侣或恋爱对象没有具体标准，因此在交往过程中始终搞不清楚哪位异性适合自己，感觉哪位都有不同的优点，和谁结束恋爱关系都有一些舍不得，只好都保持着。

3.满足虚荣心

有些人认为能找到恋爱对象是一件有面子的事情，经常更换身边的恋人更是能说明自己有魅力。因此为了满足自私的目的，全然不顾给对方带来伤害，同时与多名异性保持恋爱关系。

还有为了利用不同的恋人，因为他（她）们各自有着不同的优点或可以使用的资源，如有的学习好，有的善于交际，有的有钱。要知道这样做是非常不道德的，不但对对方很不公平，自己也不会真正得到美好的爱情，甚至还可能给自己带来祸患。

（四）带有功利目的的恋爱

当代社会各方面竞争日益激烈，大部分人注重自我实力的提升，以此迎接未来的挑战。但与此同时，有一些人却把婚姻视作让自己成功的机会，把握好这个机会就可以毫不费力地得到房产、金钱、地位等各种社会资源，这种做法让爱情这种本该单纯美好的情感染上铜臭，人们历来都鄙视这种行为。这类人在爱情里添加了很多不该有的目的和要求，被物质化的爱情失去了最初的纯粹性，变成一种包含经济目的的选择。采取这种做法的人在短时间内看上去有很大收益，但这种做法有很多的不确定因素。只要其中的目的和要求发生变化，如这类人计划好的金钱或地位等资源无法获得，其所谓的爱情和婚姻会立马出现问题。除此之外，通过这种做法走到一起的男女并没有真实的感情基础，在日后婚姻里发生矛盾的概率更大，为以后的生活埋下隐患。

（五）"练爱"

大学校园是一个自由又宽松的空间。一些大学生因为上大学前一直专心学习，人际交往较少，与异性打交道不多，上大学之后尝试寻找人际交往的各种机会来锻炼自己，想抓紧时间弥补自己这方面的短板，他们觉得恋爱也是了解异性和增加人际交往的一个机会。所以有一部分大学校园里的"恋人"，责任感相比其他人低了许多，谈恋爱时双方都没有为两人的未来作长远打算，只是享受眼下这一时刻，甚至出现约定"毕业就分手"的合约式恋爱。这样谈恋爱，是把谈恋爱变成"谈练爱"。这种所谓"开放"或"前卫"其实是一种文明遮掩下的玩世不恭和不负责任，对他人对自己都是不负责任和不严肃的，虽然通过人与人之间的交往来提高社交能力是积极的，但这样"练爱"，如果双方感情处理不好，就有可能会产生双方都没有料到的感情伤痛，甚至会有痛及一生的心理创伤。所以，恋爱一定要在真诚的前提下，认真对待自己和对方的感情，这样才会在不违反道德的同时，也避免给自己和他人的心理带来伤害和痛苦。

（六）失恋的负面影响

失恋指的是男女中断恋爱，互相离散停止交往。热恋中的青年男女都希望自己的爱情可以修成正果，但恋爱中遇到的各种阻碍无法躲避。每个未婚青年除了有追求爱情的权利，也有选择接受爱和拒绝爱的权利。有恋爱的存在也就有失恋的存在，这种现象符合恋爱的正常规律。在整个恋爱过程中，给人挫折感最大的是失恋。失恋是一种特殊的心理精神状态，它让人难以自控，没有恋爱过的人，无法体会失恋给人带来的痛苦和烦恼。在失恋时，失恋者身处痛苦境地，对恋爱的美好希望全部化作泡影。因此，失恋者在失恋初期会无法避免地产生苦闷的心情，没有地方去寄托情感，严重者甚至会抑郁、自杀或者报复他人，其心灵上所受到的打击会影响以后的生活，甚至会让失恋者患上失恋后遗症。因为有失恋经历的人，在接下来的爱情生活里，会变得谨慎小心，更有甚者会因一次失恋而万念俱灰，终身不婚。

(七)网络恋爱时的困扰

网络恋爱指的是男女之间以网络为主要沟通工具,通过运用如 QQ、微信、网络聊天室、网络虚拟社区和网络游戏等网络产物的手段来发展两者间的感情。网络恋爱主要分为两种形式:一是双方在网上结识并恋爱,甚至在网上结婚并组建家庭,但在真实世界互不接触,追寻柏拉图式的情感感受和情感寄托;二是双方在网上结识,且都有与对方发展恋情的想法,然后在真实世界里见面,进而发展下一步,至于是否有结果,主要看男女双方能否情投意合。

大学生在网络上恋爱的动机包含很多种:第一,寻求刺激,网恋是很多大学生用以打发时间,寻求刺激的途径;第二,网恋给人的压力也没有现实生活中那么大,在网恋中,失败并不是十分重要的事,同时网恋也并不一定会见面,这样也不用为承担现实生活中的责任而苦恼,但这也是导致网恋失败的原因之一;第三,因为网络上的交往没有见面,人们只是通过直觉和想象来对对方作出判断,就很容易把自己理想对象的标准全都赋予对方,所以网恋的人们往往把对方想象得完美无缺;第四,因为网恋的双方可以纯粹是在精神上的恋爱。所以使得网恋往往面对着无疾而终的结局。因为网恋的双方在见面以后会对对方有一个重新的认识,也有一个重新适应对方的过程,就在这个认识的过程中,会意识到对方的容貌、性格和好恶等并不完全与自己的想象符合,很多人不能接受这种差距,所以很多网恋就这样匆忙地宣告结束。

网络虽然是虚幻的,但是它也是由真实的人参与其中的,在网络里有真情实感也有虚情假意,甚至还有谎言和欺骗,要分清虚拟与现实,否则过度投入感情,最后换来的只有失望。

二、大学生恋爱中常见问题的处理

大学期间应全面发展并以学习为主,特别注意不要因为谈恋爱而影响学业。但大学生又都是发育健全的适龄青年,当爱神光顾的时候,不应该拒绝,最好的办法是得到科学的指导和帮助。对于遇到恋爱问题或因此产生不良情绪的同学进行指责、批评,阻止其恋爱,将恋爱和学业对立起来的观点,不但是落后的,也是脱离实际的。当然,爱情心理学是非常丰富和多姿多彩的,每个人所遇到的问题也不尽相同,并不能在此详尽说明,只能就常见的问题和解决方法提出一些建议。

（一）正确区分友谊与爱情

大学时期得到的爱情，很多是由友情发展而来，友情与爱情常常交织在一起，让人一时难以分辨。其实，它们之间既有相似之处，又有不同之处，异性青年之间的爱情很多是友情发展的一种结果，但又不是所有的友情都能发展为爱情，爱情可以是友情的延伸，但不是必然。获得爱情的人能够体会到友情的美好，而拥有友情的人不一定能收获到爱情。爱情是一种专一的感情，具有排他性，友情是一种开放的情感，具有广泛性；爱情具有私密性，恋爱者一般不愿在公开场合尤其是人多的地方，毫无顾忌地开展恋爱活动，友情具有公开性，友情的对象、朋友间的交往活动大多是公开的。二者的区别如下：

1.交往时的心理状态不同

友人之间比较理性，能够在冷静分析彼此优缺点和异同点的基础上平等地进行交往；恋人之间则感性成分较多，恋爱期间大多会对对方进行不自觉的美化，即所谓"情人眼里出西施"，事实上恋人眼中的对方往往与实际情况存在一定差异，常有强烈的主观色彩，难以真正进行客观分析。

2.需要的时空条件不同

友情是建立在相互认可的基础上，一般不会因时间久远、空间阻隔、一方身份地位的变化而疏远淡漠；爱情需要双方共同经营和维护，所以分离的时间和距离最好不要太长。

3.所负责任不同

大学时期同学之间的友情为大学生发展个性心理提供良好环境，让大学生亲密相处，平等地对待彼此，互相学习。大学生之间的友情还可以消除寂寞，让大学生获得同学帮助，体会集体间的温暖，在每个同学的记忆里留下无可替代的美好。大学生应珍惜同学间的友谊，正确辨别什么是友情、什么是爱情，并且对待爱情要谨慎。当然，有些友谊随着时间的推移可以转变为爱情，这就需要大学生去亲身体会，谨慎把握并保持认真态度。

学会如何分辨爱情和友情十分重要。大学时期是构建人脉的关键时期，大学生生活比较自由，思想比较单纯，做任何事都很积极，希望吸引异性，如与异性一同上课、一同上晚自习。所以，很多人都有异性朋友，他们有的可以保持良好的朋友关系,有的则随着时间推移从朋友变为恋人,有的由于各种因素逐渐疏远。除此之外,有人觉得异性之间的关系是爱情还是友情很难分辨。实际上,爱情和友情有以下不同之处。

朋友之间的交往并无人数限制,恋人则不行,具有排他性。如果你感觉和异性朋友之间总是希望两人单独相处,一有其他人出现你就非常反感,那么你很可能是有爱情萌发了。如果你对异性朋友有了依恋的感觉,一两天不见面就非常想念,甚至寝食难安、坐卧不宁、吃不下、睡不好,分别的时候特别舍不得,那么你很可能是对这一位异性动了情。

(二)注重建立良好的爱情基础

我们在前面讲过,恋爱动机是多样的:有的人因为互相欣赏,有的人为了事业发展,有的人因为爱慕虚荣,有的人为了排遣寂寞。恋爱双方应根据具体条件慎重选择。当然,爱美之心人皆有之,产生爱情大多是由于对方的外表符合自己的审美,所谓"窈窕淑女,君子好逑"[1]。男性喜欢女性苗条美丽,女性喜欢男性高大威猛。但外表只代表人的一部分,更重要的是要注重内在品质,也就是我们常说的人品,如,女性贤惠、勤劳、温柔;男性有责任感、能干、聪明。因为人不可能容颜永驻,随着时间的推移,每个人都会渐渐老去,年轻时美丽的外表到老年时就不存在了。如果将爱情和婚姻单单建立在欣赏外表美的基础上,是非常不稳定的或不长久的。只有将爱情建立在欣赏内在美的基础上,注重人的内在品质,相爱的基础才是健康而稳固的。在遇到外界的一些怀疑、干扰、引诱等阻力时才能经得起风雨,才不会被破坏。所以,恋爱过程中应理性地看待对方,树立正确的恋爱观,注意考察对方的内在品质,为爱情打下稳定的基础,这样才能使爱情和婚姻更稳固更持久。

(三)珍惜纯洁爱情,尊重双方人格

纯洁的爱情是世上最美好的情感,没有功利目的的爱情是完美的。男女双方在恋爱时要努力做到以下几个方面:

---

[1] 孔丘. 诗经[M]. 沈阳:万卷出版公司,2018.

1.双方坦诚相待

要让对方认识并了解真实的自己,包括自己过去的成功、过去的失败、弱点和不足之处,不要刻意隐瞒。与此同时,也要心平气和地了解对方的这些方面,了解对方的原生家庭背景和成长历程、兴趣爱好、理想志向等,努力寻找双方恋爱的契合点,提高契合度。恋爱成功的正向催化剂是双方相互真实诚恳、不夸大敷衍,反之,虚浮虚荣的爱情会让双方受到伤害。

2.主动帮助对方

在对方遇到挫折时,真心相爱的男女伴侣会主动帮助对方解决问题,帮助对方走出困境,这是让双方感情变得亲密的重要基础。当代社会,人们生活水平显著提高,大学生不像故事中的人物那样身处物质匮乏的时代,如果想要与另一半真心相爱,就要发自内心地帮助对方。

3.互谅互让

年轻人做事容易冲动,时常考虑不周全。许多方面的能力还在逐渐提高的过程之中,所以做事说话难免有失误。恋爱双方应当互谅互让,不计较对方的小失误,既然选择爱一个人,就应当接受他的优点和缺点,每个人无论多么优秀,也会有缺点与不足,如果只能接受优点不能忍受缺点,那就不适合在一起。恋爱双方是平等的,一定要尊重对方的人格,同时也不因自己的不高兴或是利益受损而贬损对方,应当互相谦让。这是是否能体谅别人,能否尊重对方的情感与付出,能否让爱情健康发展、成长、结出爱情之果的重要方面。

4.互相支持

青年人处于学业事业的上升期,在激烈的竞争中要想使自己能够较好地立足社会,就要努力奋斗,努力学习,接受教育和培养,增长才干。但这也会占用时间,减少了花前月下、卿卿我我的时间。作为恋人,应支持另一方的事业,做他(她)坚强的后盾,而不应总是以自我为中心沉醉于温柔乡中,拖对方后腿,影响对方的进步,对方的成功,可能改变其社会地位,同时提高生活品质。

5.把握好与对方的距离

恋爱期间把握好双方交往的距离是非常有必要的。俗话说"距离产生美",距离太远或很长时间才沟通固然会影响双方关系的发展,但也不是如胶似漆就是理所当然的好。恋爱初期,双方都有了解对方的强烈愿望,或者希望天天见面或是待在一起，但恋爱不是生活的全部。大学生的主要任务是学习，应该处理好恋爱与学业之间的关系。如果朝夕相处而又无所事事，就可能既浪费了时间又荒废了学业。另外，因为感情发展太快，没有思考和体会的时间，感情发展会缺乏理性成分，对这份感情的认识和理解会缺少理性和深度。对于有些人来说，长时间待在一起，容易失去新鲜感和神秘感，反而会失去吸引力。总之，相爱的两个人要想实现长期的互相欣赏，同时也让对方尊重自己，不但要有共同的人生理想，也要尊重对方，加强学习，丰富人生阅历，建议大学生在恋爱时保持一定的距离，保持自己的相对独立，掌握合适的度。俗话说"欲速则不达""心急吃不了热豆腐"，说的都是这样的道理。

6.不要在感情世界里迷失自我

恋爱能给人带来新鲜美好而又热烈奔放的情绪体验，让人体会到生活的多姿多彩，因此许多年轻男女十分向往真正的恋爱。在爱情的驱动下，一个人原本平静的心被另一个人占据，这个人每时每刻都想他（她），故意找理由联系他（她），并且每次与他（她）见面前都会仔细打扮，力求不给对方留下一点儿不好的印象。在这种情绪波动下，恋人的心理也在慢慢发生变化。"情人眼里出西施"，自己觉得他（她）完美无缺，满身优点，就算有其他人指出他（她）的不足，自己也不会认同或置之不理。除此之外，处于热恋中的人有时会有如下表现：自己原本爱发脾气会收敛，甚至在恋人面前表现得十分温顺，并对其言听计从；自己会盲目崇拜恋人，甚至丧失自我思考的能力；自己会不惜牺牲个人利益去迎合对方，讨好对方；为了自证专一、单纯，自己会日渐疏远自己的朋友，而接近另一半的朋友，并把另一半的爱好当成自己的爱好。

大学生从中学时代走来，生理上成长较快，但心理上还未成熟，生活阅历不多，对于人生与爱情的问题还不能充分理解，需要学习与提高，也需要帮助与指点。

再有，两个人相互吸引，最初固然是因为对对方外貌的认可，但要想爱得长久，保持自己的个性反而是重要的。因为人与人相互吸引，是依靠内在美、独特的美。一个独立自立、自尊、自爱形成的自我，会让人更加着迷。另外，每个人在社会中生活，都会遇到困惑和不解，其实每个人都可能希望得到别人的指点、批评、帮助，而不是一味地吹捧。每个人都希望听到新的能够使其有所感悟的意见，对生活也希望时常能有耳目一新的不同认识，这能让个人受到启发，而如果总是夸奖对方、迁就对方，总是想办法迎合对方，不能提出好的意见和见解，对对方的人生成长没有帮助，时间长了也会让对方感觉你的魅力下降，吸引力降低，反而可能和你分手。所以，恋爱时应尽量保持头脑清醒，能够独立思考，能够听从别人的劝说，客观地去评价恋人，这样有助于双方关系良性发展。

7. 遵守爱情道德

自古以来忠贞不渝的爱情都受到人们的称赞。真正的爱情能经得起生活中各种磨难和考验，不会被贫穷、疾病、困难所打倒，让相爱的人相互扶持，彼此鼓励，即使是在生命中最艰难的岁月，也能携手走出低谷。这样的爱情一定是经过认真思考的，能够承担起责任、纯洁而真挚的。因为只有纯粹的，没有任何功利目的的感情才能在各种艰苦的条件下一如既往。在一个青年准备开始恋爱的时候，他应当经过充分的考虑，一个人在几位异性中选择自己的恋爱对象，认真考虑与哪一位发展恋情比较合适，这是完全正当的。一旦作出决定，作出了选择，应当向其他人说明，自己现在已经选定了恋爱对象，不应当再与其他异性发展恋情。朝秦暮楚、朝三暮四是不可取的，应当受到批评和唾弃。至于每周都想换女友（或男友）的想法，则可笑又可鄙。如果现在的一段感情结束了，应该在心情平静以后，再考虑开始和别人的感情。这既是对他人的尊重，也表明了自己恋爱态度端正。不应该与恋人之外的其他异性还保持着暧昧关系，若即若离，利用别人的单纯善良发展多角恋情，玩弄他人感情的不道德行为。因为爱情具有专一性和排他性，爱情除了心灵上的相互吸引，还有性爱等因素，因此只能一对一地发展恋爱关系。发展多角恋爱，短时间可能会有刺激和心跳的感觉，最终收获的只能是苦果。恋爱和婚姻是两个人经过慎重考虑之后的决定，不但对于两个人来说意味着责任，对两个家庭和社会来说也是十分重要的。结婚意味着两个人要相互忠诚，遵守道德约束，不仅要对自己、对对方负责，还要对家庭和社会负责。

8. 大学生要不断提高爱的能力

（1）鉴别爱的能力。拥有鉴别爱的能力的人十分自信，会尊重别人，会自然而然与别人交往，主动扩展人脉，尽量考虑其他人的感受，并珍惜与他人的友谊。需要注意的是，好感并不代表爱情，它是一种直觉性的感受，不一定发展成爱情。此外，感情冲动也不是爱情，只是男女双方互相吸引，往往是暂时的而不是长久的，比较脆弱。相比之下，爱情是一种热烈又深沉、强烈又稳定而且十分持久的感情。爱情和友情是不同的。

（2）迎接爱的能力。如果一个人心中有爱，那么他（她）要客观理智地分析，积极表达；一个人面对他人的爱时，要及时、准确地作出判断，并作出相应选择。以上两种都是爱的能力。大学生在生活中应该锻炼迎接爱的能力，懂得什么是爱并且拥有正确的恋爱观，明确自己的所爱所需，主动关心他人。当有人向自己表达爱意时，大学生要及时作出判断，并做出合理选择。大学生要学会承受求爱被拒和拒绝他人求爱时的心理压力。

（3）拒绝爱的能力。拒绝爱的能力指拒绝自己不愿接受或者不值得自己接受的爱的能力。拒绝爱时要注意以下几点：第一，在不想恋爱的时候，面对爱要果断拒绝、勇敢说"不"，因为真正的爱情容不得半点将就和勉强；第二，拒绝爱时要讲究方式方法，要保证拒绝时机恰当、拒绝场合不封闭、拒绝语气委婉而坚决。

（4）解决爱的冲突的能力。恋人之间难免会有冲突，这是很自然的。冲突的来源可能是日常生活的不一致、不协调或者是双方性格的差异。爱需要双方互相理解、互相包容、互相体谅，用建议性的方法去解决矛盾冲突，其中沟通就是一种非常有效的方式。恋人之间需要及时合理的沟通，双方要把自己的想法和感受清楚地表达出来，具有伤害性质的争吵或互不搭理的冷战行为都会对恋爱产生不良影响。

（5）保持爱情长久的能力。保持爱情长久，需要双方把对方的快乐当成自己的快乐，这样才能保持恋爱关系的稳定长久，需要双方运用智慧去维持爱情，并持之以恒地为之付出，同时不要忘记保持个性特点，要有自己的追求和发展方向。双方也要不断学习新知识，积极与对方进行交流，互相欣赏，才是维持爱情的动力源泉。

（四）合理处理失恋

每个人都有爱的权利，也有不爱的权利，所以有恋爱的美好，就有失恋的痛苦，古往今来，越是爱得刻骨铭心，失恋也就越是痛彻心扉。

1.面对失恋

谈恋爱，就有可能失恋。双方都有选择对方和不选择对方的自由。从心理上，失恋是一方失去另一方的爱情，属于感情挫折和打击。经历者心理落差较大，从恋爱初期的色彩斑斓，充满期待，到失恋时的悲观失望，万念俱灰，可以说失恋是许多大学生重大的人生挫折。失恋的人会体验到难堪、失望、孤独、空虚、痛苦，有的甚至还有愤怒和绝望等情绪。这是生活挫折造成的常见心理情绪反应。一时不愿接受，心情低落都是正常的。但如果这样的消极情绪自己无法排解，又没得到外界及时地疏导，持续下去就可能转化为抑郁、自卑等消极情绪，个别人还可能出现自杀或报复等极端事件。所以如何理解和面对失恋，是很重要的。

失恋的原因有多种。可能是恋爱的一方经过一段时间的交往觉得双方的思维方式和价值观存在差异，难以调和；可能是一方有另一方无法接受的生活习惯或是缺点；也可能是一方对别人动了心，移情别恋；也可能是一方受到家庭或周围人的反对而无法调和，最终选择妥协；还可能是由于生活中的某一件小事让一方产生负面印象，对方认为难以接受，决定与之结束恋爱关系。

失恋可以被视为人生中的一次挫折经历。如果大学生在心理上不能接受失恋，那么其会有以下表现。

（1）情绪低落。失恋对人造成的打击比较严重，失恋者因此产生各种消极情绪，如心境昏暗、情绪低落等。其内心会十分悲伤、痛苦，失恋者很可能会因此哭泣，进而出现自卑心理，会全方位怀疑自己，包括长相、身材、个性、处事能力等。

（2）否认。有的人在失恋后不愿承认失恋事实，否认失恋的发生。实际上，有这种表现是因为失恋者在心理上不愿接受失恋事实，不愿相信这种事情会发生在自己身上，并认为这不是对方的本意。此外，失恋者会主动诉说双方曾经的美好回忆，试图与对方取得联系，并与对方和好，即使会再被拒绝，失恋者也不愿相信自己已经失恋。在失恋发生后的一段时间里，失恋者会变得性格怪异，觉得周围所有事都不顺眼，会时常因一点小事与他人起冲突。

（3）愤怒及报复。部分失恋者无法接受失恋，在确定与对方恋人关系无法修补后，会产生"我得不到其他人也别想得到"的负面心理，即使失恋者本身性格温和，由于失恋也可能在情绪上变得冲动暴躁、容易发怒，或者通过伤害对方、胁迫对方等极端手法达到其目的，这样一来会造成严重的后果。

（4）绝望轻生。本身心理脆弱的人无法承受失恋为其带来的心理压力。面对失恋，这类人自己本身无法做到自我解脱，又没有得到身边的人和社会的帮助，在强烈的悲观绝望情绪支配下会产生轻生的想法，以此来摆脱自身的烦恼。这种情况如果可以被及时发现，这类人可能会得到相应的解救，否则会酿成无可挽回的惨剧，给其家人留下永生的心理创伤。

2.事件发生后，怎样走出失恋的阴影

（1）认真反思，建立正确的认知。现代社会的人所面对的各种机遇和选择与日俱增，失恋现象也变得多见。面对失恋，应以积极心态面对。恋爱是有意结为人生伴侣的双方互相了解的重要阶段，谈恋爱可能成功也可能失败。相比热恋时的花前月下、卿卿我我，失恋难免让人伤感。曾经共同畅想的人生之路再也没有实现的可能，一段时间以来的美好经历都成往事，一些痴情男女无法接受这一现实。然而，失恋虽然痛苦，但不可否认的是失恋使人成长，它像一面镜子，会引起当事者的反思，在客观上失恋的人又有了重新审视自己、检讨自己的时间、空间和理由，而且也应该借此时机重新认识自己和认识现实，修正自己的错误，弥补不足，使自己得到提高和成长。应该说，能被失恋打倒的人绝不是生活的强者。纵观历史，也有许多人曾因失恋而痛苦，但后来他们能够从中吸取教训，反思自我，改正自己的缺点，从而使自己获得进步和提高，又重新找回自信，也重新找到了心仪的人生伴侣，收获了幸福。

（2）改变自己，调整自己的心理和人生目标。克服失恋带来的负面影响，一些具体方法也是很有帮助的。例如改变某种习惯，失恋后由于生活惯性，总会时不时地想起对方，拿起手机就想给对方发微信打电话，吃饭时想起对方爱吃什么菜，走在路上想起和他（她）并肩而行的场景，有的人还是总想试着和对方联系等。而此时应当考虑尝试做些改变，将生活的重心转向其他事情，体会到任何生活的变故也有可能使生活状态变好。例如，你终于有更多的时间坐下来读一本书，写一篇文章；你终于有时间和宿舍的兄弟一起去上自习，去打篮球；或者你终于可以心无旁骛地与好姐妹一起逛逛街、聊聊天儿，将不痛快的事一吐为快等。在短暂的失落之后你会感到将注意力放到其他事情上也很有意义。因为毕竟生活的内容有很多，一般人其实也做不到一天到晚只和相爱的人在一起，而不去做任何别的事情。而且，如果真是这样，彼此间的吸引力还可能会下降，出现审美疲劳。一段感情的空白期虽是原来不曾想到的，但正好可以利用它来放松身心，多做其他有意义的事情，也为使自己尽快走出痛苦的阴影，走好今后的人生之路做好铺垫，积累经验，增添自信。

（3）自我激励。美好的恋情突然结束，突然的人生变故可能会让人意志消沉，而此时如果将这一段的人生变故视为小困难，当作激励自己进步的动力，会使自己获得意想不到的提升。曾有一位女同学，本不爱学习外语，外语成绩不好，不料有一天她的男朋友告诉她，他要到国外去上研究生，并且时间较长，眼看这段恋情就要"无疾而终"。然而这时谁都没想到这位女同学从此开始刻苦学习外语，后来竟然以优异的成绩顺利地考上了与男友相同的外国学院的研究生，到国外和男友团聚去了。这个自我激励的神奇的成功案例，其根本动力来源于这个女生的心理的两个方面：自尊和爱情。

3.大学生恋爱分手注意事项

第一，假设你是主动提出分手的人，要注意在分手后的一段时间里不要和对方进行任何方式的联系。因为对方需要时间接受失恋事实，需要时间适应没有你的新生活，他（她）可能会找各种理由联系你，此时如果你认为对方可怜而接受甚至主动去联系他（她），会给对方希望，让对方认为和你的恋爱关系可以修复，这会让这段感情的结束更加困难。所以，如果你和他（她）已经分手并确认不再互相打扰，就要坚定态度，如无必要双方就不要联系。第二，不管发生什么事，也不要去打扰前恋人，不要对前恋人的人际交往和感情生活造成困扰，要理性而又恰当地把握自己的情感生活。

第六章　大学生网络心理健康

本章为大学生网络心理健康，主要从大学生与互联网、大学生网络行为现状、大学生网络心理问题与调整等方面来介绍当代大学生应该如何以正确的心态对待互联网。

第一节　大学生与互联网

一、互联网的特征

（一）开放性

互联网本质上指的是计算机和计算机之间的互相联通，各种信息以此能做到多方共享。计算机和计算机之间的联通程度越高，互联网发挥的作用越大，共享的信息越丰富，相应的开放性就越强。这种开放性主要包括以下几点：第一是互联网对广大用户开放，互联网作为一个大众公共系统，对所有用户充分开放，使用互联网的人不分国家、种族、性别、贫穷富有，不分职位和年龄，用户只要具备上网的条件就可以上网，感受网上冲浪的乐趣；第二是互联网对相关服务者开放，互联网容纳海量无限的信息，这些信息来源于各种提供者，没有哪一个国家或者组织能做到垄断互联网信息服务，开放性是互联网的一个非常显著的特点和表现，其拥有强大的生命力；第三是互联网对未来的改进开放，对未来改进的开放特点让互联网的相关子网遵循 TCP/IP 接入协议，并呈现出各种体系和风格。互联网可以在不影响整个网络运行的前提下任意更改子网。《互联网简史》一文中提到，互联网缔造者曾明确强调"互联网的关键概念是它单单不为某一种需求设计，是一种包容性非常强、能接受各种不同新需求的基础结构"[①]。

（二）全球性

网络拓宽了人们的视野，提高了人们的认识，同时也拓展了人们的实践空间。本来一辈子都可能见不到面的人，通过网络成为每天可以互相联系甚至互相见面的网友。因为网络，地球慢慢变成"地球村"，世界各地的人不论国家、性别和年龄，都可以进入其中，成为这个庞大的"电子社区"的成员，任何人都可以利用互联网上开发的软件和资料库，同时不同国家、地区的观念和行为上的冲突、碰撞进而交融变得快捷而简单。除此之外，互联网还把世界各地人民的生活方式、风俗习惯、宗教信仰以及为人处世的价值观全部呈现出来，互联网的广大网友在海量信息中自主选择，不同国家、不同地区、不同种族的人们在各个方面互相借鉴、学习和交往，沟通包容，并达成相应的文化共识。总而言之，互联网以其独特的跨地域性广泛传播着各种信息，使得世界各地加紧联系，地球也被形象地称为"地球村"，身处其中的网民都是一个个平等村民。无论广度还是深度，互联网都在无形中延伸、蔓延，突破地域限制，真正实现世界范围内的人类交往，让世界各地的人做到"无限互联"和"无限关涉"。

（三）虚拟性

人们通过相关的数字化方式，连接计算机的各个节点，并综合计算机的三维技术、模拟技术、人机界面技术和传感技术等一系列手段生成逼真的三维感官世界，这个三维感官世界就是网络世界。进入其中的人，身处电子网络空间或一种赛博空间，所处生存环境有别于真实生活的环境。首先，网络关系的虚拟性与实体性对立。人们在网络上交往如同隔着一层面纱，以特定而虚拟的身份和形象沟通交流，而其中的交往活动并不像真实世界的社会活动，不需要以特定的时空位置和现实实体为依托；其次，网络关系中的虚拟性并不同于虚假性，即使网络在部分人的恶意操作下会变得堕落进而呈现虚假性。网络的虚拟世界让人感受到一种区别于现实生活的体验，这种体验的功能效应是真实存在的。需要注意的是，网络上所发生的关乎德行的虚假事件与网络的虚拟性无关。

---

① 佚名.互联网简史[J].中国经济和信息化，2012（13）：12-13.

（四）身份的不确定性

在现实生活里，人们的社会关系很大程度上体现出"熟人型"的特点，如亲朋好友、同学同事、邻居街坊等，交往活动也大多存在特定的实体和时空位置的限制，并受特定的社会价值观和社会文化制约。然而，在网络世界，计算机方面的专家能够把所有信息还原成简单的数字"0"或数字"1"，网络信息在构成上比较确定，但由于这些信息具有庞杂性、虚拟性和超时空性等特征，网民在网络世界的行为目的、行为意义和自身的情感是无法清晰确定的。网络世界具有开放多元的特点，它让广大网民跨越了时间和空间，但它不能消除世界各地人民在历史文化上的差异。这让人们在网络世界中进行的交往活动变得混沌、多元，网民的关系也因此呈现出明显的不确定性。除此之外，网络世界是一个新颖的信息化世界，身处其中的人更多时候是在"虚拟现实"（Virtual reality）形式的基础上进行交往，在相应的网络技术支持下，每个网民都是"隐形怪杰"，其身份、行为习惯和特点以及活动目标都可以隐藏。

（五）非中心化

互联网的发展速度十分惊人，并将社会各行各业、各个部门联系在一起，形成特定而又自由的"网络时空"。互联网由世界多个国家管辖的局域网组成。在科学家们设计Internet前身——APPANET时，政府军方明文要求该网络不能存在中心，也不设置可以操控一切信息的中央控制系统，使得其中的信息能够不受约束地自由传播，因此Internet呈离散结构，没有绝对中心。除此之外，就地理方面而言，网络覆盖整个地球，没有地区和国界的限制，也没有起点和终点。网民进入由调制解调器和光纤电缆组成的虚拟世界时，就会变成飞速运动的电子化"符号"，在漫无边际的虚拟世界里，这些"符号"表现得十分无力。

网络交往打破了现实世界中人们以自我为中心进行互动的常规。当网民通过网络进入其他人的行动空间，与之交谈讨论，或在网上进行创作和阅读时，其他网民也在做同样的事。互联网让人们在身份地位上变得平等，网民在网络上没有专家和平民之分，也没有明显的读者和作者之分，每个网民都是网络交互的主体。互联网也通过一定的网络技术消除了"客体"观念，消除了以自我为中心的权威式意志，取而代之的是平等自由的交往，网民之间的关系呈现非中心化。

（六）平等性

作为自发的信息系统，Internet 不属于任何人、任何机构、任何地区和国家，也没有相应的所有者，任何人、任何机构、任何地区和国家都无法完全操控网络，Internet 所有的网民用户是自己的主人，任何一个网民拥有发言权但没有绝对的发言权，能够充分感受到自由和平等。网民可以根据个人喜好有选择地阅读消息，不受相应的编辑和出版机构的约束，可以自由选择话题，无须考虑太多。总而言之，网络上的海量信息并不专属于某一个人，所有网民都可以使用。互联网平等自由的特点，使得网民的网络意识和网络认识更加平等、思维更加多元，让网民更加适应双向沟通，从而提高对网络信息的创造性。很多时候，网民可能会滥用自身权利无政府主义思想因此而十分泛滥，但随着法治的逐步健全完善，那些无视义务和责任的网民必将受到法律的规范和制裁。

（七）个性化

网络是世界范围内最大的计算机网络集合地，将世界范围内无数的计算机和网络联系在一起，使之既可以互通各种信息、共享各种资源，又各自分散、各自独立，接受不同的管理，没有哪一个网民拥有比其他人更多的特权，权力、地位、国家、民族等多种概念在网络中失去作用，每个网民都有成为信息中心的可能，网民和网民之间趋向对等，不受等级制度约束，网民的个体意识正逐渐变强。互联网分散、自由、可隐蔽个人的特点是网民生活的表现，包括上网时间、上网地点、上网目的、自身身份和浏览内容等，每个网民在网络上呈现出的内容不尽相同，这为网民的个性发展提供了巨大空间，也提升了网民的创造性。

二、互联网的影响

互联网的发展对人们各方面的影响是十分深刻的。第一，互联网让空间距离变得毫无意义。空间距离曾是人们发展友谊的基础，然而互联网时代下的青少年完全不受时空距离的约束，通过互联网跨越地区和国界，这让移动办公、居家办公成为现实。第二，互联网除了扮演人们工作时所使用的工具的角色，它也是人们娱乐的媒介。互联网具有开放、交互、隐蔽网民信息的特点，其海量的信息内容可以帮助网民在工作之余，让网民进行相关娱乐活动。在网络中，各方面不同的网民可以根据自己的喜好找到相应的内容，和自己喜欢的人成为朋友。互联网扩大了网民的交友范围，增强了网民对网络信息的选择性，让网民的生活习惯互相渗透、影响，世界范围内各个地区、国家、民族的网民也因此在生活习惯上慢慢趋于一致。互联网伴随着电子信息技术的发展，为网民提供大量信息和新颖的通讯方式，这同时也让网民的上网习惯更具不确定性。绝大部分的相关研究人员坚信，互联网的飞速发展正在无形中慢慢改变网民的日常生活。

从历史角度上看，互联网合理利用作为从事社会活动的工具，互联网能让网民能够通过网络方式与亲朋好友沟通，或在网络中与他人组队游戏和聊天，从而增进网民间的沟通，让网民摆脱时空以及其他社会方面的限制。网民可以通过互联网根据个人兴趣主动加入相应群体，找寻更多志同道合的朋友，并产生强烈的归属感，增强自我接纳的能力。

网络世界中人与人的关系被称作网际关系，是以网络数字信息技术为基础，通过超文本多媒体链接实现人与人或人与计算机的互动进而产生的人际关系。作为易感人群，大学生的生活方式和价值观念受网际关系的影响会发生前所未有的改变。

网际交往空间像是一个巨大的部落，里边有大学、图书馆、娱乐场地、博物馆等设施，当然也有形形色色的人，只要是网民就可以随意进出这个部落。在网际交往空间里，网民不光能搜索和传播相应信息，而且能通过发电子邮件、建立网络虚拟社区等方式进行各方面的人际交往。网络人际交往主要包括以下几个特点：

第一，网际交往角色具有一定的虚拟性。用户只需要随意填写个人信息就可以成为网民，进而在网络世界中参与人际交往。网民身份的虚拟性让网络人际交往双方在心理上没有任何负担。

第二，网际交往中的主体是平等的。设计研发互联网的科学家表示，网络世界是一个平等自由的世界，网络用户在现实世界无论成就有多高，拥有多么巨大的财富，到了网络世界也只是一个普普通通的网民，与其他网民一样，并没有特权。

第三，进行网际交往的人在心理上具有隐秘性。虽然互联网中的人际交往是通过文字传达来实现的，但所传达的文字是经过网民深思熟虑、细心加工过的信息，就算带有真情实感也是经过一定包装产生的。在这种形式的人际交往中，网民不管耗费多长时间也很难弄懂与自己交往的人的真实想法。

第四，网际交往具有弱社会性、弱规范性特点。在现实社会中，人们在与人交往时更倾向于看重身份、职业、容貌、家庭背景等现实因素，而在网际交往中这些因素就不是那么重要，网际交往也不注重人们现实生活里的社会规范。这种弱社会性、弱规范性的特点使得人们在进行网际交往时会摆脱现实世界中的诸多束缚和约束，放纵自己的各种行为，进而向非人性化的方向发展。

第五，网际交往中人们的动机具有多样性。大学生进行网际交往时更注重与异性进行情感上的交往，异性效应在网际交往中表现得非常明显。很多人就是为了寻找异性才上网聊天、浏览网络信息，一边追寻休闲娱乐的心里享受，一边努力实现寻找伴侣的目标。

三、互联网对当代大学生的影响

在大学时期，学生内心渴望交往和被理解的心理快速发展，健康稳定的人际关系是大学生发展健康心理、维持健康个性以及寻求安全的归属感、幸福感的必要保障。大学阶段对于大学生自身的性格人品产生和发展至关重要，在此期间如果大学生能保持与同学、教师和亲朋好友的关系的良好发展，就会发自内心的感知被理解、被包容的温暖，性格会更健康开朗，心情会更好，兴趣爱好会广泛拓展，思维也就更加活跃，久而久之形成优秀健康的性格品质。相对于现实生活，网络世界中的人际关系有所不同，更具新特点，有更多的新内容很大程度地消除了大学生在现实世界中各方面的差异，且增强了大学生在道德、自我评价等方面的行为能力，让大学生的个性化特性和主体性得到确认和提升，拓展、延伸甚至强化了大学生人性中美好的品德结构和伦理气质，促进了大学生的发展。

对网络人际交往的过度沉溺会影响大学生身心健康的发展。在现实生活中，人与人交往时的表情以及交际人的性格、气质、学识都影响着人们的情感和行为，这是网际交往无法比拟的。在网络世界，人们从早到晚通过个人终端工具在网上与人进行交往，所有的言行举止都被二进制的语言代替，所有音容笑貌也仅仅以字符形式在手机或电脑屏幕里传播，人类仿佛以数码化的形式存在（Digital Being）。在"人—机器—人"这种比较封闭的环境中，网民个体在某种意义上失去了和他人交往、接触社会的机会，这种现象很有可能致使人与人之间的距离越发疏远，而网民个体将可能会出现一系列如孤僻冷漠的心理问题。当网民个体通过网络与他人沟通交流时，他们会脱离现实世界，甚至主动断开真实世界的人际交往关系。许多学生在聊天室中广泛结交网友，但在真实生活里，他们对亲戚同学表现得越发冷漠。此外，网民个体在网络世界进行交往时，会产生与机器对话而不是与真人对话的错觉，感受不到对方作为真人所产生的反应，因此，他们在网络世界里可能会做出一些在真实世界想做而不敢做的无礼、粗暴的行为举止，抑或是认为网络入侵、盗窃等违法犯罪行为不过只是自己随意敲敲键盘、点点鼠标，因而不会有紧张害怕的犯罪感。

第二节 大学生网络行为现状

一、大学生上网行为分析

网络似乎无所不能，大家可以利用网络进行即时聊天、查阅新闻、搜索资料、更新微信朋友圈、QQ空间和微博等，可以在网上购物、点外卖、订酒店、订票和上网课等，也可以在网上听音乐、打游戏、看视频、点直播和读小说。我国网民规模超过10亿，而大学生更是"无人不网"。作为新时代弄潮儿的大学生们，上网已经成为学习生活的重要组成部分。现在的大学生基本都是从小开始接触网络，大部分学生每天上网时间为2~3小时，大多数学生都能合理利用网络，借助网络提高学习效率和学习效果。但大学生喜欢尝试新鲜事物、追逐刺激，自我控制力较弱，在享受互联网的极大便利的同时，也容易在身心健康方面受到较大的负面影响。有的学生对网络游戏而欲罢不能，有的为了追电视剧而废寝忘食，有的为了网上购物而负债累累。

大学生对网络的依赖程度较高，上网已经成为一种习惯。现阶段，上网刷朋友圈、看视频、打游戏等娱乐活动影响了一些自制力差的学生的正常学习生活。有的学生逃课上网，有的因玩游戏荒废学业，甚至有些学生沉迷网络，患上了网络上瘾症。一些学生说："一般情况下，一有时间我就去上网，在上课的时候，有时我也控制不住地想上网。"通过这些现象我们可以看出，部分学生在上网时把大量的时间和精力放在网络交友和休闲娱乐上，并没有把互联网当作学习知识、开拓自身视野、增长自身才干的工具。

二、大学生对网络的使用现状

网络深受广大大学生的关注和喜爱。大学生对网络使用的时间比较长、频率比较高，易受网络上各种思想和观念的干扰影响。然而，大学生因缺乏网络安全意识而上当受骗、误入歧途的现象也偶有发生。

（一）事实分辨能力不强

大学阶段的学生，其世界观、人生观、价值观等观念都处在萌芽时期，网络世界纷繁杂乱的信息会使大学生的价值取向出现偏差，降低其分辨是非的能力。很多大学生不具有较为成熟的判断能力，面对各种信息时的分辨能力较差，在网络世界容易受到负面信息的影响和不良分子的蛊惑。

从前，大学生所能接触到的信息主要来源于家长和学校老师，家长和老师把信息中的不良成分过滤摘除，将剩下的优质信息灌输给大学生。而在当今社会，各种信息通过网络的各种传播路径完整地呈现出来，即便有杀毒软件、防火墙等高科技技术，也无法完全净化所有信息中的有害部分。而大学生缺乏分辨能力，如拜金主义、享乐主义和极端的个人主义等负面信息会影响大学生的身心健康。一般情况下，大学生都是独自上网，主动接受网络信息，没有相应的监管和参考，又缺乏分辨能力，其价值取向很容易受到负面影响。这些信息甚至会让大学生在日常生活中进行道德选择时出现迷茫甚至价值观紊乱的现象。

（二）价值判断能力不强

互联网为人类带来思想上的开放以及信息量的增加，同时也带来多元的文化、价值观和道德意识，这给传统价值观念带来了挑战，人们对道德和价值也产生了一定程度的改观。

未来学家阿尔温·托夫勒在《权力的转移》中提出，世界已经离开了依靠暴力和金钱统治的时代，未来世界的魔方将控制在拥有信息强权的人手中，他们会使手中掌握的网络控制权、信息发布权，利用英语这种强大的文化语言优势，达到暴力、金钱无法征服的目的。[①] 西方部分国家在此思想浪潮影响下，利用网络手段加快对我国思想文化的渗透，使互联网上充斥各种思想言论、各种质疑主义和质疑马克思主义的不当论调。在大学阶段，大学生的价值观还未完全成形，没有相对成熟的分辨能力和坚定的信念，很容易受互联网上不良思想和论调的误导，致使其民族观念和爱国主义思想因此受到冲击、扭曲而变得淡薄，从而降低价值判断能力。面对复杂的网络内容，大学生的信仰和信念非常容易发生动摇，他们很容易被带偏而走弯路、错路。

（三）网络安全意识不强

在网络安全方面，大学生意识不强，容易实施网络安全威胁或受害于网络侵害。人做任何事都有动机，而动机主要来源是外界的物质刺激和内心的精神需要。如果只单单想如何在互联网中获取信息资源而不去想如何保护个人有关的信息，那么大学生在使用网络时就不会保护个人信息，也不会在思想上认识到网络安全的重要性和必要性。大学生是未来社会发展的智力担当，其所需的网络安全意识是保护网络安全的第一关。

部分大学生的私人电脑没有设定开机密码；大多数大学生并不会注意网络信息安全，在网上发布自己的个人照片和其他真实信息；还有一部分学生习惯将自己的生日或其他简易数字组合起来用作自己的网络通信工具的密码，甚至可能通过互联网发送相关的银行账号和密码。以上种种现象，都容易使大学生成为网络事件的受害者。

（四）网络自控能力较弱

自我控制指调整并控制自我行为和心理。自我调控能力指运用各种手段方法，应对日常生活的各个方面进而达到把控自我的目的。大学生在日常生活中要学会正确把控自己，拥有良好心态，这对大学生个人的身心健康和学校的和谐发展都有好处。然而，我们注意到在实际生活中，一些学生的自我调控能力不够强，主要表现为性格暴躁、意志不坚定、认知相对偏颇、心胸比较狭窄等。网络对大学生自我把控能力的影响包括两个方面：

---

① 阿尔文·托夫勒.权力的转移[M].北京：中信出版社，2006.

1. 沉迷于虚拟交友中

得益于大学时期宽松的学习环境和相对缓慢的生活节奏，大学生的自主空间较大，部分大学生沉溺在网络空间和网络游戏世界无法自拔，导致自己的身心健康受到损害。刚刚结束高考的大学生，无论在学习过程中还是在生活中，都十分渴望自由，开放而又虚拟的互联网平台能够让大学生摆脱真实世界中的各种约束和监督，让他们获得内心向往的"自由"，所以网络就成为大学生实现"自由"的乐土。很多大学生将网络安排在课余时间，互联网世界里有和他们志同道合的好朋友，有他们的社交人脉圈子，他们在网络世界任意获取资源、发布信息，互联网无形中已经成为很多大学生的重要精神乐园。除此之外，对于大学生来说，互联网开放的、虚拟的环境，以及各种不良信息，如暴力、色情信息等的诱惑力相当大，这让他们不知不觉就沉溺其中，其对世界的认识也慢慢发生扭曲。

2. 沉溺于网络游戏中

"传奇""英雄联盟""王者荣耀"等字词对于很多大学生而言充满魔力，这是因为这些都是大学生喜爱和追捧的网络电子游戏。英姿飒爽、身形魁梧的战士手持宝剑，伴随此起彼伏的喊杀声在荒漠或草原上肆意驰骋，砍杀各种怪物，这是网络电子游戏里比较常见的场面，丰富的剧情设定以及绚丽夺目的色彩特效，对大学生有极大的诱惑力。大学生无论生理还是心理都还处于发育发展阶段，他们可以在网络世界得到在现实生活中得不到的满足，尤其是有关武侠、战争等距离现实生活较远的事物，在互联网世界都可以通过角色扮演来满足。一些大学生会将玩游戏时的心态带进日常生活里，甚至发生打架斗殴等影响大学生正常生活秩序的恶劣事件。

第三节 大学生网络心理问题与调整

互联网对大学生的认知、情感、人际交往都会产生重大的影响。网络拓宽了大学生的信息来源渠道，拓展了学生视野，增加了信息量，缩短了收集信息的时间，提高了信息汇集的效率，为大学生提供了更多自我学习的途径，为其自我发展创造了更多的条件。

一、大学生常见的网络心理问题

网络信息为人们的认知方式、思维方式、价值观念提供了更多的可能性。同时，网络也可能引起人们的认知冲突，特别是对于自制力差、判断能力不足的大学生而言，他们不懂筛选，一些错误的观点和信息可能会影响他们的认知能力，改变思想观点，弱化理想信念，引起认知的冲突。网络的开放性和平等性使许多大学生热衷于网络中的人际交往，网络世界成为其首选的"避难所"，使其暂时忘记现实生活中的挫折与困难，然而再次回到现实，需要解决的问题仍然没有得到解决，这会让他们更想去逃避，加深对网络的依赖，形成恶性的循环。在大学青年男女中，常见的网络心理问题包含以下几种：

（一）网络成瘾

网络成瘾指的是在无成瘾因素作用时上网所发生的行为失控，如对网络操作时间难以掌控，因在网络世界中沉迷而导致社会心理功能明显受损等。

1.网络成瘾的类型和表现

结合目前的绝大多数研究成果，我们可将大学生网络成瘾的类型总结归纳为以下几种：

（1）对网络游戏成瘾。最近几年，网络游戏的功能、种类和各方面设计都得到了空前发展，大学生已然把网络游戏当成课余时间的首选，无论在宿舍还是在网吧，大学生在网络游戏上花费大量的金钱、时间和精力，丧失了相应的自我把控能力，难以做到对学习和游戏的合理化平衡。

（2）对网络色情成瘾。对网络色情成瘾指大学生在上网时更偏向去关注色情图像、影片和音乐，常常沉溺在相关的色情作品中。

（3）对网络交际成瘾。通过聊天室、QQ等工具，大学生实现在网上的人际交流，建立各种关系甚至找到爱情。对互联网聊天工具的成瘾性让大学生把更多精力和时间投入到网际交往中，并且认为网上的朋友比现实中的朋友更重要。

（4）对网络信息成瘾。对网络信息成瘾，指不由自主地在互联网上搜集并不急需、并不重要的信息。有此习惯的大学生往往浪费大量时间、精力去互联网浏览并搜集各种信息，类似被强迫的心理使其工作效率大大降低。

（5）其他形式的强迫性行为。该类成瘾者主动将大量的时间、金钱和精力浪费在网络世界中的聊天、购物甚至网络赌博等活动上，或者使用某些无任何价值的软件，自己明明知道没有必要这么做，但自己控制不住自己，其学习任务往往因此而被忽略，人际关系往往也被影响。

2.网络成瘾的界定

北京军区总医院中国青少年心理成长基地主任陶然教授团队总结出网络成瘾的 9 条诊断标准。

（1）对使用网络的渴求。

（2）减少或停止使用后的戒断。

（3）耐受性增强，也就是网瘾越来越大，需要不断增加上网时间才能达到同样的满足程度。

（4）对网络的使用难以控制。

（5）不顾危害性后果。

（6）放弃其他活动。

（7）逃避问题或缓解不良情绪。

（8）诊断须具备（1）、（2）两条核心症状及后 5 条附加症状中的任意 1 条。

（9）病程标准为平均每天非工作、学习日连续上网 $\geq$ 6 小时，符合症状标准 $\geq$ 3 个月。

3.网络成瘾的原因

（1）网络自身的诱惑。

首先，计算机和网络是人类创造的最新"玩具"，而且更新换代的速度非常快，具有很大的可操作性，能满足人们的控制欲。计算机提供了一个前所未有的机会给普通消费者，让他们有机会充分发挥自己的主观能动性，而不是作为一个被动的接受者和使用者。也就是说，计算机和网络的某些特性具有成瘾性。

其次，计算机网络交流与现实生活的面对面交流相比较，存在许多不同的特点，包括其语言特点、匿名性、多对多、即时性、范围广、自由度高等，这些特点使得有些人可以随心所欲地变换和塑造自己的品质和人格特点，具有很大的吸引力，很容易使人上瘾。

再次，网络游戏对大学生的诱惑非常大。网络游戏以其在互动性、真实性等方面都超越其他游戏的高水准数字化音像享受特点，让身处其中的人进行分工并饰演不同角色，很多大学生用户会沉迷在其中的虚拟情感中。部分在现实社会里外貌不佳、胆小、自卑的大学生，在网络游戏世界可以化身可爱的白雪公主或快意恩仇的大侠。

最后，网络还是其他成瘾性行为的一个中介媒体。例如，网络可以很容易地成为赌博、游戏、性、暴力的便利媒体，并且在网络上存在许多这类信息和渠道。

（2）家庭背景的影响。一些家长仅仅在物质上满足了孩子，却对他们的心理问题毫不关心，缺乏对孩子相关方面的教育，这让很多青少年通过上网来发泄情绪。家长对自家孩子的态度和教育影响了孩子在网络方面的成瘾性。

（3）互联网用户自身的各种因素。根据国内外相关调查结果，性格内向孤僻、容易产生敏感情绪、在交际上表现困难的人更容易对互联网成瘾。相比较无法自我实现的现实世界，他们更愿意在互联网世界中寻找自我发挥的空间。此外，很多人视网络世界为自己逃避现实的港湾，当在现实生活中发生家庭不和或者遇到不顺心、不痛快的事时，他们更倾向于上网发泄。

（4）互联网本身的内在因素。在某种意义上看，一个人对网络成瘾和酗酒、对毒品成瘾没有太大区别。相关研究调查显示，人类大脑中的"内啡肽"量会伴随上网时间的延长而增加，"内啡肽"会使人短时间内高度兴奋，让人沉溺网络无法自拔，但在上网结束后，人脑中的"内啡肽"会渐渐消散，上网者会出现比自己上网之前更加颓废和沮丧的感觉。

（二）网络情感依赖

1.大学生网恋

网聊、网恋、网婚是大学生在网络活动中感兴趣的主题。许多大学生在生活中性格内向、不善言语、情感表达方式不当，常常会把现实中的感情转移到网络世界。在这里，他们能自由地表达自己的情绪和情感，从中得到安慰、关爱、自尊等，但是长时间对网络的依恋，往往会导致大学生情感的变化。大学生网恋除了具有普通恋爱产生的一些原因以外，主要还有以下几个方面的原因：

（1）感情表露和角色错位。正值青春期的大学生，具有较强的人与人交往的需求和愿望，他们期待友情和关爱，有与同龄人交往的心理需求。匿名性是网络最突出的特色之一，人们可以隐瞒自己的真实姓名、性别、身份、外貌、学历、所在地等标志性信息。在网恋中，网络在缩短彼此空间距离的同时，也在缩短着彼此心灵的距离。在网络上还可以根据自己的喜好扮演一个满意的角色，现实生活中的缺憾也可以通过网络制造出来的虚拟来弥补，即使性格内向、胆小、不善交流的大学生在网络中也能找到自信。

（2）同龄男女的从众心理过强。通常情况下，同年龄段的男女在行为上的从众心理在互联网世界也有相应体现。绝大部分曾网恋过的大学生在同学朋友中，有很多人也有过网恋经历。以人际交往互动角度看，家庭环境、兴趣喜好、思想认识等方面比较接近的同龄人，在人际交往关系中最容易互相影响。

（3）缓解现实生活中的压力。因网恋具有较强的隐蔽性，不易被家长和学校发现，网络恋爱非常受大学生喜爱和拥戴，被他们当作宣泄情感的重要途径。另外，有很多学生具有浪漫情结，通过新奇而又浪漫的互联网来让大学生活充满快乐和轻松。有些大学生则认为，互联网没有现实生活中的局限性，网恋比现实生活中的恋爱更加生动、精彩，更具迅速和直接的特点。

2.大学生网络情感异化

长时间接触网络会导致大学生情感的异化。网络虽然可以促进大学生的认知、情感、人格等心理和行为互动，但它与现实直接面对面交流是不一样的。青年时期是个体获得社会认同感的关键期，他们的喜怒哀乐是在其完成社会化的过程中必然会发生的，而实现这个过程，必备环节是将自己置身于现实的人际互动中。但是在以计算机为终端的网络中，由于匿名性而隐藏的身份，使他们在充分表达自己的同时，也离现实社会越来越远，离现实的情感需求越来越远了。

（三）网络行为犯罪

1.网上破坏行为

当前，网络已成为人们生活中不可缺少的一部分。人们在享受网上冲浪，利用网络带来的各种便利的同时，也会受到大量的不文明行为及犯罪行为的骚扰。例如，肆意的辱骂和人身攻击、恶意的灌水和刷屏、大量的垃圾邮件、网络黑客攻击、传播网络病毒等。一部分大学生在网络发表过激言论，发表不健康文章。这些都是造成高校不稳定的因素，并会对社会造成危害。

2.网络色情行为

网络信息技术日渐发展，在不法利益的驱动下，互联网色情内容不断增加，其出现的形式也变得更加纷繁复杂。现如今，不法分子利用色情文字、色情图片和色情影响，通过相关网站、博客和网络社区来提高用户点击率。世界范围内的网络相关色情网站的数量以每天200~300个的速度疯狂增加，数量总计已经超过70万，让人始料未及。大学生接触社会的机会比较少，对信息的分辨能力和自我把控能力还比较弱，这使他们容易成为网络色情最大的受害者。大学生主要通过网络色情图片和电影电视、网络色情服务、网络色情文学、网络色情短信和交流等方面接触网络色情。对于网络色情，大学生要提高警惕性，防止遭受网络不良信息的误导和损害，要以正确健康的心态去面对。

二、大学生网络心理问题解决对策

（一）正确的网络认知

互联网的出现与发展，宣告高速信息时代的到来。互联网在真正意义上拓宽了人际交往的空间，消除了世界各地网民沟通交流的地理障碍，深刻改变了人与人和人与社会之间的关系，使全人类进入一个全新时代，实现了人们居家办公、通过互联网进行学习、购物和经济交流等愿望，深刻影响着人们的生活。互联网世界既充满着自由和欢乐，又具有一定的诱惑性，还存在着其他危险。互联网对于大学生而言，应该仅仅是工具，是一种不可缺少的学习和生活工具，破坏互联网、滥用互联网会影响社会正常秩序，危及每一个人。互联网世界并非真实世界，网络上的成功与真实世界的成功并不能画等号，虚拟化的情感宣泄和情感满足只是短暂的，网络不仅能带来鲜花美酒，也会带来不可估量的恶果。部分沉溺于网络世界的大学生，其记忆力随上网时间的延长而日渐下降，同时也逐渐厌烦学习，甚至会逃课上网，不关心身边的任何事，进取意识逐渐下降，与同学间的关系也会变得紧张。除此之外，故意夸大网络功能，将网络作为解决所有问题的答案，或者因网络让人迷失、欺骗他人、造成社会秩序的紊乱而对网络全盘否定的做法也都是不对的。大学生要树立对网络的正确认识，合理运用网络资源，提高自我把控能力，认清真实的内心需要，学会妥善处理网络世界和真实世界之间的关系，防止自身的心理健康出现问题。

(二)自律和自我管理

自律包含两个方面：第一，自律代表理性和自由，讲究道德觉悟和人格尊严，并不取决于内在本能以及外在必然；第二，自律代表自我约束和自我把控。一个人只有做到自律才能充分培养自我把控能力，养成"慎独"的习惯，进而维护自身的自尊和独立自主。互联网世界包含着海量的信息，也充斥着各种文化和价值理念，当然也有各种论断和诱惑，既充满自由又缺少相应的外在约束。当面对互联网的虚实难辨、纷繁复杂时，大学生会因分辨能力弱、自我管理能力差而产生各种网络心理问题。

此外，大学生沉溺互联网本质上是对现实生活的逃避退缩以及对社会责任感弱化的表现，这并不能有效解决大学生在现实世界中所面对的问题，反而会让他们更加迷失、更会丧失生活重心、更会无法解决在人际交往沟通上的障碍，并且存在使他们做出反社会的非理性行为的可能，如"网恋""网婚"等。互联网世界中的缘分不讲究承诺，没有约束，大学生心中风花雪月的愿望可以在这里得到实现。但是，大学生希望将互联网世界虚拟的恋爱快感转接到现实世界，但这种想法极易破碎，大学生又重新回到互联网，如此恶性循环，让大学生的内心更加空虚，在对待现实的交往情感上更加淡漠失落，进而加重心理上的脆弱。曾有相关报道，有一位大学生，因其"网络妻子"突然掉线而心情焦虑、废寝忘食，在五天四夜后不顾同学的劝阻和老师的教导，独自一人偷偷去另外一个地方寻找自己的"网络妻子"。

现代社会，很多人难以感受到他律的影响力，而自律就显得尤为重要。不懂得自律的人往往不会自尊自重，也不能获得自由、实现自我价值。大学生要保持正常的作息规律，合理安排生活和工作以及上网时间。此外，要勇敢地面对现实和人生，多参加有益于身心健康的社会活动，摆脱对互联网的依赖沉迷。

(三)构建团体进行心理辅导

团体心理辅导指的是心理辅导者借助团体的力量和心理辅导理论与技术，与团体成员共同解决他们的心理问题，为他们提供行为训练的机会和心理帮助，指导团体成员自助，通过这些方法解决团体成员共有的心理问题和发展问题，改善团体成员的行为和人格。

团体心理辅导要求治疗团体构建群体环境，将心理障碍者放入其中。心理障碍者在心理辅导团体中，会发现有的团体成员和自己一样，有类似的心理问题，甚至比自己更严重，这种现象可以缓解心理障碍者的心理焦虑和担忧，同病相怜的现状会增强心理障碍者的认同感和归属感，让他们在心理上感受到一定的社会支持，其从众行为会因此增多，群体归属感也会相应增强。在团体辅导过程中，拥有相同或相似心理障碍的人可以提供更多有关个人价值、解决方法和人格形成的观点，并一起分享团体资源。此外，团体心理辅导过程中，求询者在群体氛围和压力下会在情绪、态度和行为意向上相互感染，彼此模仿和监督，这有利于网络心理障碍者坚持行为方面的改善和健康心态的稳固。更值得注意的是，心理辅导团体是一个"微型社会"，为网络心理障碍者提供了进行交往训练的场所和机会。在此基础上，辅导老师可以通过对网络心理障碍者的相应训练指导强化自己的教学理论和技巧，也可以辨别出网络心理障碍者之间相同或相似的心理方面、情感方面和行为方面的问题，从而让网络心理障碍者带着正确的行为态度和稳定的心态面对生活。

（四）改善相应网络环境

伴随着互联网电子信息技术的发展更新，互联网环境正逐渐成为人类生存和发展不可或缺的重要组成部分，人们在日常生活中会越来越依赖互联网。健康向上的网络环境可以改变人甚至改造人，为人们提供崭新的学习与交流平台，恶劣的网络环境则会对人们的人格和身心健康造成伤害。出于保护大学生网络身心健康的目的，社会、高校等多方要重点关注大学生的成长环境，净化其上网时的网络环境，为大学生的成长发展提供良好的平台。

第一，要过滤、净化网络相关信息，加快网络电子信息技术的研究。要有效管理网络信息，运用技术手段净化网络信息。控制网络信息的关键在于过滤信息、选择信息，从技术层面防止大学生受到来自网络的非法侵害，保证大学生的身心健康。除此之外，要建立相应的网络监督机制，在网络世界加入道德监督和法律约束，健全相关的法律法规，严惩违规者。

第二，积极宣传组织传统文化和先进文化网上活动的态度，优化互联网环境。全球化趋势不可逆转，东西方文化伴随互联网的发展而全方位地进行碰撞、冲突、交流、融合与吸收，这会使大学生原有的价值观发生改变，从而产生心理矛盾和认知偏差。而中国改革开放的脚步仍在继续，要与世界进行文化、精神、经济、物质等方面的双向交流，用先进、开明的思想和文化教育广大大学生网民，从而保证大学生的健康成长。

第三，要适应互联网的时代特点，改善大学高校的教育和管理。高校教育和管理的重点工作是培养大学生面对是非对错的鉴别能力，要积极举办各种相关的互联网活动，让大学生自己随身装备"网络心理健康防火墙"，主动维护自身的身心健康。除此之外，高校应主动帮助大学生建立相关团体，满足他们内心被接纳、被关爱和有归属的心理需求。高校还应制定《大学生上网行为规范》和《大学生上网违规处罚条例》，加强大学生的网络责任意识，同时也加强相关法律规章制度的宣传教育，对违规大学生要严厉处罚。

第四，要积极开展网络心理咨询。开展网络心理咨询包括以下几点：首先，利用互联网传播面广、保密性好、网络快捷的特点优势，组织网上心理咨询活动，如开设在线心理咨询、创办心理咨询网站、开设网络行为指导课程等；其次，抓住大学生上网时的上网心理、网络行为及上网时所表现的心理特征、心理障碍等问题进行研究，比较其在虚拟世界和现实世界中人际关系上的不同，设计一套有效可行的网络心理障碍咨询操作方案。

第七章 心理危机的预防和干预

心理危机在生活中出现得越来越频繁，如果让人感到事件无法承受和应对的境况下，心理危机就会发生。本章将从心理危机概述、大学生心理危机的预防与干预、大学生心理咨询三方面来阐述如何应对心理危机。

第一节 心理危机概述

一、心理危机的概念和特点

（一）心理危机的概念

当人们遭遇重大的或异常的事件，却又无法像平常一样有效地解决与处理时，就可能会出现心理失衡的状态，并可能会导致一系列极为负面的影响，表现在认知、情感、行为等方面的心理功能失调。心理危机，一般指的是个体或群体在面临重要生活事件时，既无法回避，又不能运用个人通常的资源与应付机制来解决的身心状态。

通常而言，心理危机是由危机事件引起的，这类危机事件大多数是来自重要生活目标的挫折，给人们带来很大的精神压力，使其生活发生了明显变化。尤其当人们感觉无法运用现有的条件与经验控制自我及周围环境，并得不到迅速的解决方法时，危机对心理功能的负面影响会加深。

(二)心理危机的特征

1. 必然性与偶然性

心理危机的发生,对于单一的事件来讲,应属偶然,但从人生的角度来说,则又是必然。就现象来说,发生意外或事故是偶然,而生老病死则是必然。生病是偶然,但对于一生的生命来讲有其必然。同理,对个体是偶然,对群体、对社会则是必然的。

2. 普遍性和特殊性

心理危机对人的危害是巨大的,严重时的心理失衡和精神崩溃都是致命的、是特殊的。心理危机的普遍性是指社会性事件是普遍的,不但日常的生活事件普遍存在,随时可能发生,而且较少发生的灾害性事件或特别事件导致人的心理失衡也是普遍的。

当然,即使面对巨大的灾难,心理危机的发生也不是一样的,各人不同,在同样的打击或挫折面前,有人能够战胜心理危机,平安度过,有人则不能。这就告诉我们,心理危机哪怕是在普遍发生的情况下,针对个体而言也是特定的、特殊的,对此不可忽视和掉以轻心。而且不管这个人是谁,他(她)的知识、地位、修养,甚或有优秀的心理品质或者经过丰富的心理训练,面对严重心理危机时,都可能会有心理失衡、痛苦、迷茫以及心理崩溃的表现,心理危机同样可能发生。对每一个人施以心理救助或心理危机干预就是既重视普遍性又重视特殊性的综合考虑。而对个人,无论这个人是谁,在心理危机时给予及时救助,而作为个人,接受或提出针对专业心理救助的求助,也十分必要。

3. 复杂性和多样性

任何看似简单的心理危机,其影响因素是多种多样的。要想解决相关问题,需要多方面因素参与,共同作用。心理危机的发生并不是简单的因果关系所引发的,很可能是多种原因导致的。心理危机的复杂性表现为一旦出现相应的问题,可能只会影响一个人,也可能会影响其家庭或其他相关人员。

因此简单直接的方法只能解决比较急性的、表面的心理危机问题,对于严重的、根本性的心理危机问题,需要更长的时间、更细致的工作来应对,当事人和心理学工作者对此认识十分深刻。

4.损害性和动力性

任何人在心理危机面前都是受害者，会有痛苦、焦虑、无望、抑郁、悲伤、恐慌、疾病，甚至产生轻生冲动等。这种损害是突然的、灾害性的，或者是深刻而长久的、危险的，都可能导致个体身体或心理病态。然而，危机同时也是动力性的，它迫使个体行动起来，寻求解决问题的方法或帮助。在这里最关键的问题是明智的当事者应当及时寻求帮助，尽管有人会在穷尽个人能力和心理承受的极限时，才会承认自己已经无法控制事态，需要寻求帮助和救助，仍要特别注意不要等到给自己心理带来伤害（要注意有些心理伤害是永久性的）以后再寻求帮助。

危机的另一个动力性作用是促使个体去学习和改变自己，以适应不出变化的新的环境或境遇，如果在此动力的作用下，个体不但顺利地度过了危机，还能得到成长和提高，对个体还具有积极作用的一个方面。

二、大学生心理危机的表现

（一）危机表现

在产生心理危机后，产生者会有害怕恐惧、紧张焦虑甚至痛苦不安的情绪，常常表现为麻木不仁、沮丧绝望。其在各方面的反应具体如下：

1.生理方面

在生理方面表现为食欲不振、肌肉紧张、呼吸短促、心跳速度加快、头晕目眩、冒汗、心痛胸闷、作息紊乱等。

2.认知方面

在认知方面表现为注意力无法集中、反应力下降、记忆力减退、思考能力下降、推理和判断问题的能力下降、不承认已发生的事实、缺乏自信、不能自控地将想法集中于危机事件。

3.情绪方面

在情绪方面表现为易怒、低落、焦虑、敏感多疑、淡漠、无助甚至抑郁。

4.行为方面

在行为方面表现为有暴力倾向，可能会做出伤害自我或他人的举动，如酗酒、自杀、过分依赖药物等，或者会做出退缩行为，放弃兴趣、沉默寡言、回避他人、逃避生活，也可能做出虚假适应行为，在表面上看整个人自我调适良好，不受创伤影响，但与周围事物很难协调统一，无法信任旁人，内心十分敏感脆弱，甚至会再次崩溃，产生强迫观念和强迫行为。

从过程上看，个体在心理危机发生后可能会有一系列的阶段性反应。

在危机事件发生时或危机事件发生后的不久，个体会表现出精神恍惚、不知所措、震惊、恐慌、非常不安等状态。

在危机事件产生后的一段时间里，个体会调动心理资源来努力调整心理平衡，控制紊乱、焦虑的情绪，恢复相关的认识功能，但会出现否认等表现。

在这一时期，个体会主动寻求各种资源，采取相应方法来让自己接受事实、摆脱困境。合适妥善的处理方法可以帮助个体减轻焦虑、增强自信心、恢复社会功能，反之则会加深危机伤害。

（二）危机分类

按照临床上的症状可把心理危机分类为：适应障碍、急性应激障碍和创伤后应激障碍。

1.适应障碍

因长期存在应激源或困难处境，在人格缺陷的基础上，个体产生以烦恼、抑郁等为主的情感障碍，同时伴有适应不良的行为障碍或生理功能障碍，并使社会功能受损的心理危机状态。

2.急性应激障碍

以急剧、严重的精神打击作为直接原因。在受刺激后立刻（1小时之内）表现有强烈恐惧体验的精神运动性兴奋反应，行为有一定的盲目性；或者表现为精神运动性抑制，甚至木僵。症状往往历时短暂，如果应激源被消除，症状也会随之消失。

3.创伤后应激障碍

异乎寻常的威胁性或灾难性心理创伤，会导致延迟出现（几周到几个月）和长期持续的精神障碍，主要表现为反复发生闯入性的创伤性体验重现、噩梦、持续的警觉性增高、持续的回避、选择性遗忘等。

从应用的角度可分类为：发展性危机、情境性危机和存在性危机。

发展性危机，指人生过程中遇到的具有重大影响的、可以改变人生发展境况的事件，如大学毕业、留学、子女出生、退休等。

境遇性危机，多指无法预测的、突发性的、强烈的，甚至是灾难性超常事件，也多指创伤性事件。

存在性危机，理解这一类危机尤其要了解和认识当事人与之相关的心理结构，如人生意义的认识、道德观、责任等。另外，一些新的社会发展影响和社会文化问题也可能导致存在性危机的产生，如食品安全、环境污染、现代科技、新文化与传统文化的冲突以及新职业新经济的发展与由此产生的社会及个人影响等。

（三）大学生心理危机产生的原因

大学生心理危机的形成原因有外部原因也有内部原因。外部原因是指各种外部因素刺激大学生，内部原因则指大学生应对危机源采取方式不当、错误地认识危机源、社会支持不足以及大学生自身性格的特点等。总体而言，大学生产生心理危机的因素包括以下几点：

1. 危机源

心理层面的危机源，指各种可能会引起心理危机发生的应激事件，主要指的是日常社会和自然环境中人们所面对的各种事件，如慢性紧张、突发的创伤性体验等，其中包括生理和社会文化等多种因素。适度心理应激可以改善人的身心健康和功能活动，是人类成长发展的必要条件。但应激强度过大以至于超过人们对紧张刺激的承受极限时，会给人带来心理危机。日常冲突、灾难事件和其他生活事件等都属于危机源。

2. 人格特质

气质和性格是导致大学生产生心理危机的人格特征。气质指个体在心理活动的速度、强度、灵活性、指向性等多方面表现出来的稳定的心理特征，它往往与生俱来。气质包括四种类型：多血质、黏液质、抑郁质和胆汁质。四种类型间没有孰优孰劣，每种气质都有一定的缺点。有胆汁质、抑郁质气质的人较易产生心理危机，这是因为有胆汁质的人容易激动、性情暴躁、做事缺少思考，往往易冲动、走极端，进而做出过激行为；有抑郁质的人往往性情孤僻、敏感、不善交流，他们的情感体验深刻，比较厌恶强烈的刺激，面对困难时往往表现得怯懦自卑、优柔寡断，其对挫折的承受能力较低。

性格指的是个人在日常生活中所表现的习惯化的行为方式和稳定的态度。有顺从型性格的人独立性比较差，面对紧急状况时容易手足无措；有内倾型人格的人做事处处谨慎，感情较为含蓄，适应性较差，其交际面比较窄；有情绪型人格的人容易被自身情绪左右，对情绪的体验较为深刻。相对而言，有这三类性格的人都比较容易产生心理危机。在个性组成中，性格和气质密不可分，其中气质偏向先天性，没有好坏之分，而性格则与后天环境有关。

3.应对方法

应对，也可以称为应付，指的是个体通过相应的认知方面和行为方面的努力，来处理来自外部或内部、超出自身承受极限的事件。应付是应激和个体身心健康的中间因素，对维护个体身心健康正向发展来说至关重要。

4.社会支持系统

社会支持系统由个体、个体和个体之间的交往活动（支持性活动）和与之有接触的人（支持者）构成。从功能上看，社会支持指的是个体从自身的社会关系中所获得的物质方面和精神方面的支持；从具体操作看，社会支持是个体所具备的社会关系的量化体现。社会支持系统可以为个人提供情感支持、相关任务的协助、信息的获得与反馈等方面的帮助，对大学生应对心理危机起着十分重要的作用。如果没有密集度较高的社会网络系统支持，大学生会非常容易地产生心理危机并陷入其中，无法自拔。

5.价值观与人生观

价值观与人生观由自我意识引导，在个体和社会的互动过程中因个体需要而形成的。在对社会的多元性文化价值观念进行比较、选择、过滤、整合和内化等过程中，大学生会遇到不同程度的困惑和迷茫，甚至会有空虚感和碰撞感。部分人会感受到多种不同价值需要所带来的矛盾，可能会产生一定的心理冲突。大学生在如此复杂的心理冲突过程中，其原有的心理稳定结构会被打破，而相应的价值观和人生观会失去协调和平衡，甚至不能找到人生的意义和价值，从而导致心理层面上的失衡。

第二节 大学生心理危机的预防与干预

一、大学生心理危机的预防

随着时代的发展，社会及经济等各方面的迅速变化，为现代大学生带来了各种压力，容易出现心理方面的问题，产生心理危机。除了意识到心理危机的危害，及时有效地处理危机状况外，更应该意识到"预防胜于治疗"。最有效地应对心理危机的方法是增进身心健康，避免由各种矛盾引发的心理危机的出现。

（一）提高心理健康与心理危机的认识

1.掌握心理健康的基本知识

随着社会的进步和医学的发展，人们对"健康"的理解也有所改变，大众普遍都认可健康是生理健康与心理健康的统一的概念。但是仍有部分人对心理问题有所"忌讳"，不愿意承认自身存在的心理问题，回避心理障碍的调适。

大学生成长发展中会遇到不少心理困惑与问题，高校应高度重视心理健康教育，积极帮助大学生疏导、调节、解决心理健康问题。通过开设心理健康教育课，举办相关讲座，宣传心理健康知识，建立心理教育与咨询机构，开展心理咨询活动等形式，使学生改变对心理健康教育的不正确认识，充分认识心理健康教育对身心发展的重要意义。

除了要接受学校安排的心理健康教育外，大学生还要主动地去学习面对困惑和各种心理障碍时的科学应对心理，掌握提高心理素质、自我调节和自我心理保健的方式与技巧。

2.提高对心理危机的认识

（1）要正确面对心理危机

心理危机常常被人们误认为是思想问题，这也加重了处于心理危机中的人的压力，这不利于有效处理心理危机。高校应当做好与心理危机相关的预防和干预的宣传教育，让广大师生对心理危机的危害有所认识，从而提高广大师生对心理危机的辨别能力，并让广大师生了解并掌握应对心理危机的有效处理方法，增强干预心理危机的意识，对心理危机者抱有更加宽容的态度，支持、理解他们，帮助他们走出心理危机的困境。

（2）有效自助

正确认识心理危机是避免心理危机发生甚至消除心理危机的重要手段。虽然心理危机可能带来痛苦，但它并不是不可解决的。大学生要学会理性地分析自己的心理本质和行为习惯，灵活自觉地运用心理健康相关的知识，从而进行合理的自我调节。面对因心理危机而产生的负面状态，大学生不要害怕，应该了解并接受事实，把负面情绪当作动力，及时降低心理危机的风险，寻找正面资源并获得身心成长。

假如依靠个人的力量难以走出困局，应及时主动地求助。可以向信任的亲朋好友谈论自己的烦恼，或者寻求专业人士的帮助。大多数高校都设有向大学生免费开放的心理辅导中心，可以找心理辅导老师倾诉自己的苦闷，排解抑郁、焦虑、恐惧等心理问题。假如担心自己的心理问题被身边人发现，可以向校外心理咨询人员寻求帮助。

应当关注的是，有时候强烈的痛苦会使人做出不理智的行为，如用酒精与药物来麻痹自己；采取极端激烈的方式，如自伤、自杀，以试图从问题中解脱出来。这些大多是基于某种混乱的思考和极其矛盾的心理，并不是有效的选择。

（3）协助他人

心理危机者是非常需要他人的支持与协助的。亲朋好友是一个很重要的支持系统，有时甚至比专业咨询或危机干预机构反应更为主动与及时，同时也是专业危机干预的重要补充。我们应该掌握一定的心理危机知识和心理危机干预的方法，及时发现身边人的心理危机状态，提供支持系统，帮助其减低危机风险系数。

（二）提高心理素质和适应水平

现如今，大学生承载着社会和家庭的期望。他们对自己的定位较高，但社会经历少、阅历浅，心理发展还不够成熟，面对各种压力、矛盾和冲突时其情绪容易出现波动，容易产生心理问题和心理危机。所以，一方面，大学生要提升心理承受能力、自我把控能力和情绪调节能力，培养积极向上的意志品质，努力提高自身的综合素质；另一方面，为更好地适应环境，大学生要提高学习能力、逻辑推理能力、综合分析能力、社会交往能力和组织管理能力。只有做到这些，大学生在面对竞争日益激烈的社会以及人际关系中种种冲突、困难和挫折时，才不至于在心理上产生严重失衡，这也符合当今社会素质教育理念和对综合素质人才的要求。

1.提升自我认知的能力

在现实世界的日常生活中，大学生会经常遇到与自己本身的世界观、人生观、价值观、情感态度、行为习惯和个人利益相冲突的事情，这会使他们产生一定的心理问题，而这些心理问题反过来会影响他们对事物的判断和认识，甚至会让他们否定自我。因此，大学生应该站在客观角度准确认识自我、评价自我，认识自己的优缺点。大学生要正确地调整自我认知，挖掘自身处理困难的正向力量，这有利于激发自信心，促进潜能的充分发展，完善自我。

2.提高情绪调节能力

面对心理困扰或心理危机时，人们最容易表现出来的就是情绪，情绪对人的影响十分强烈，同时在某种程度上也是导致大学生产生心理问题的主要因素。

大学生要学会了解情绪的正常值和自身情绪的变化，掌握基础情绪心理和有效调节自身情绪的科学方法。在自己心情不好或遇到让自己不愉快的事情时，能够采取如宣泄法、转移矛盾法、升华法等方法来妥善处理这些问题。大学生要保持乐观向上的情绪和良好的心情，要具备一定的情绪反应能力和抗干扰能力，防止情绪出现大起大落、极端波动等情况。

3.增强心理承受能力

大学生应自觉地加强个人修养，提高调节自我、克服困难的主观能动性，提高应对挫折刺激、克服内部困难的意志水平，不为偶发诱因所驱使，养成自觉、果断、坚持、自制的优良品质。树立正确的挫折意识，认识到在社会上不可能一切都会一帆风顺，道路不一定是平坦的，但是通过努力能得到喜人的收获。

4.提高社会交往能力

人际沟通与人际交往是一种重要的适应能力，同时良好的人际关系网络有利于建立支持系统，是应对心理危机的重要资源。大学生应该掌握人际关系基本知识，了解人际交往特点规律，通过掌握一定的人际交往技能和人际交往艺术，学会与不同的交往角色，如教师、同学、家长、朋友、异性等，与他们保持融洽的人际关系；懂得尊重他人，善于在群体中发挥自己的才干，实现自我价值。

5.增强社会适应能力

作为社会中的一员，大学生应树立不断调整以适应变化的观念。积极适应自身、环境、社会的种种变化，学会客观分析外部环境与内部自我的平衡状态，通过认知的调整、知识技能的把握、综合能力的提高，增强社会适应能力。同时，有意识地加强自身多方面能力的训练与培养，如分析问题能力、人际交往能力、组织能力、社会工作能力、解决问题的能力等。

二、大学生心理危机的干预

（一）危机干预的基本原则

（1）确定人员或人群后应立即开展工作。

（2）应有对象人员的家人一起参加。

（3）应以建立对象人员自信为主，不应简单将其作为病人对待，不应不恰当用药。

（4）应以当前的、紧急的心理目标为主，兼顾预防性问题。

（5）应有个体化方案或策略，并应及时调整方案。

（6）有效交流原则，即诚恳、温和、热忱、共情、言语通俗易于理解，进行有效交流。

（7）保密原则，对其个人隐私保密。

（二）危机干预模式

1.心理平衡模式

任何一个人在危机事件的影响下都会出现心理失衡。危机干预的目的是通过各种心理学方法，使其摆脱失衡状态，达到新的心理平衡。其中有不同的文化背景的影响，干预者应了解和顺应其人生观及文化背景，也能应用心理学原理使其负性情绪得到宣泄和疏解以后，建立新的心理平衡。

2.认知模式

依据认知心理学的理论和方法，调整其对事件的认知，克服或改观其非理性思维，恢复其心理健康。

3.社会心理学模式

按照社会心理学的原理进行梳理和分析，帮助当事者克服面临的困境，调动可能的社会资源，提高当事人的自主性和自信心，改善和恢复其社会功能。

（三）危机干预的形式及方法

（1）现实干预，包括现场干预、门诊干预、家庭干预等对现实和具体个人的当面干预形式。

（2）电话干预，如心理危机救援、干预电话等，干预人员通过电话进行工作。

（3）信函或网络干预，对于特殊因交通不便无法会面的人，个别不愿与干预人员见面的人员可以采用这种方式进行。

危机干预的方法要遵循心理学的原理、理论，兼顾对心理疾病的判断和预防，通过针对当事人采用的相应的各种心理机制起作用，达到心理危机干预的目标。

心理危机干预是对处于心理危机状态下的个体或群体采取措施，使得危机状况得以缓解、改善，并最终度过危机，恢复心理平衡状态的过程。一般来说，危机干预是一种紧急、短程的过程，是给予陷于危机状态的人及时的帮助，防止其产生自我伤害及伤害他人的情况，同时恢复其心理平衡与动力。

（四）学校心理危机干预的三级机制

为帮助大学生正确对待各种心理危机，对心理危机的发生有所防范，当出现心理危机时能够及时、迅速地做出反应，大多数高校都建有基础心理危机干预机制。通常情况下，心理危机干预机制包含三个层面：校级、院系级、班级或宿舍级。

1.要发挥班级心理委员或宿舍心理委员的作用

作为班级中的一分子，班级或宿舍心理委员更容易在日常生活中接触和了解周围同学的心理状态，分辨出可能存在的心理危机风险，并及时向老师做出报告，让危机干预更具主动性。此外，心理委员可以通过自己掌握的心理方面的知识来缓解内心处于心理危机的同学的焦虑状态，为心理危机的干预争取时间。心理委员要具备良好的心理健康状况和一定的心理知识，要乐于帮助同学解决心理困难。

2.强化二级院系的关怀辅导

各学院、各系的班主任、辅导员等老师要积极与学生接触，并与之建立良好的沟通和信任关系，主动关爱学生、关注学生的心理发展，帮助学生解决心理方面的困惑。遇到重要情况，这些老师要及时向危机干预的相关部门进行报告，及时为学生提供相应帮助并进行危机干预。

3.建立校级心理危机干预中心

大多数高校都会整合各种资源，以心理健康中心为基础主动开展有关心理危机预防和干预的宣传教育工作，积极组织大学生进行心理健康测评，并建立大学生心理健康的档案，及时处理大学生出现的心理危机问题，并对大学生进行心理疏导和危机干预。

（五）对自杀的干预

自杀是最为严重的自我伤害行为之一，也是心理危机里最极端的表现。自杀行为不仅会造成个人和家庭两方面的直接损失，也为社会带来一定的负面影响。高校应该更加重视对大学生自杀行为的干预。

1.常见的大学生自杀原因

（1）心理偏差及认知障碍

能给人带来巨大压力及创伤的事件或体验也许很多人都会遇到，有的人能调节自我，使问题迎刃而解，有的人对自我、对问题认知存在严重偏差，便会走向极端。

选择自杀的人通常不能正确认识自己，对自己持否定的态度，丧失自信，认为自己"无能""失败"。这种高度的自卑和自我否定，会使其在现实中的挫折感不断加深，严重时精神崩溃，产生自杀行为。个体对社会环境、人际关系等的不正确认知也可能导致消极的结果，无法对自己的角色进行有效正确的定位，看到的前途一片黑暗，没有希望，认为没有谁能帮助自己，便可能会产生自杀的冲动。

（2）学习和就业压力大

大学是人生发展的一个重要阶段，大学生个人及家庭对大学学业寄予厚望。一方面，进入大学后，学习环境发生了改变，如果没有及时调整学习模式，就会导致学习成绩下降，甚至部分学科不能通过考核。有些大学生在这样的情形下，感觉无法面对自己、面对家人，就可能会采取极端的行为。另一方面，国家对大学进行扩招，大学生增多，加上市场经济发展变化带来激烈的就业竞争环境，社会上对大学生的评价及其待遇、地位都较以前下降。这一系列因素让大学生对就业前景充满焦虑，并产生自卑感，感到前途无望，严重的可能最终酿成惨剧。

（3）情感挫折

大学生的恋爱关系追求浪漫和激情因素，缺少对双方个性、家庭关系、个人前途等综合考虑，感情一旦出现问题，其关系的脆弱性就极其明显地表现出来。相当一部分大学生处理感情关系的心理不成熟，对情感挫折没有心理准备，受挫后无法接受，对生活失去信心，甚至会产生自杀、报复心理。

（4）人际关系相对紧张

在现实社会中的人际交往过程中，在认知、情感、个性方面的问题以及对人际交往技能方法的缺乏，可能会为大学生造成一定的交往阻碍，致使其人际关系变得相对紧张甚至僵化，进而造成严重后果。

（5）其他创伤事件

包括其他相关重大事件所引起的挫折、冲突，进而引发的心理危机，如家庭经济条件困难、亲人去世、疾病、人身意外等。

2.识别自杀行为的信号

识别自杀行为并不是无规律可循的。多数企图自杀者在自杀前会有一些行为征兆，给周围亲朋好友一些直接或间接的信号暗示。若能对身边的人加以注意、理解、疏导，是可以预防自杀行为、拯救生命的。我们要注意识别以下一些信号：

（1）言语的信号

言语方面的信号表现为个体委婉或直接地用话语、书面语言，如作文、书信、日志、互联网交流等表达轻生念头。例如，写一些类似"活着没意思""我不想活了""我的人生毫无意义""我要离开"等话，讨论有关自杀的玩笑或事，讨论自杀计划甚至讨论自杀时间、地点、方法等，这些都是极度危险的言语信号。

（2）行为的信号

当个体的自杀念头有相应增强时，他（她）在日常生活中会有相应的异常行为的表现。

①生理方面：作息规律变得紊乱，失眠、食欲下降。

②情绪方面：流露无助、无望的表情；无故哭泣、焦虑不安、状态抑郁；情

绪反复无常，会突然由悲伤转为平静，甚至转为欢快。

③社交方面：对社交活动回避、退缩，减少与人的接触来往，和其生活中关系重大的人的交流明显减少；失去生活兴趣，学习成绩也会骤降，漠然对待平时感兴趣的事，甚至无法保持个人卫生习惯。

④增加吸烟量、饮酒量，甚至会滥用一些药物。

⑤产生"告别"行为：突然整理或转赠有纪念性和有一定价值的物品；无故给亲朋好友送礼物、道谢、道歉，甚至告别；将各类事情安排好等。这些都是十分典型、十分危险的自杀信号。

⑥考虑自杀方法，主动接触相关方面的信息，搜寻相应自杀工具和自杀手段。

⑦自伤或自残的行为。

3.如何帮助有自杀念头的人

（1）耐心倾听，认可情感

当有自杀念头的人倾诉心声的时候，倾听者要保持冷静，耐心去倾听对方的想法和感受，给对方充分表露自我情绪的机会。而不要企图将对方说服、改变对方感受，不要给予评价、意见、建议。只需要支持对方、关心对方，让对方感受到温暖。例如，"你怎么了？""我知道你很难过，有什么可以帮忙的吗？""我在这儿陪你"等。有时候某些鼓励的话语可能会带来否定对方感受的负面效果，例如"还好，情况没那么糟""你不应该这样想""事情会变好的""你太情绪化了""你要坚强"，甚至会让当事人觉得你置身事外。

（2）及时给予对方支持

对于有自杀倾向的人来说，其身边人所给予的所有方面的支持，尤其是心理感情方面的支持是特别重要的，可以让有自杀倾向的人感受温暖和希望，哪怕是一个充满关怀的眼神、一次默默的陪伴，也可以抚慰其脆弱的心灵。

（3）及时警惕及确认自杀的迹象

有自杀倾向的人在自杀行为的信号方面表现得越多，其自杀风险就越高。我们不要吝啬于询问自杀，认为其不但不会引起自杀行为，反而可以及时发现相应的自杀危机，拯救生命。当有自杀倾向者提出要终结自我生命时，我们应该予以信任并认真对待，注意不要和对方保证对于其自杀想法做到绝对保守秘密，因为挽救生命和保守秘密不是一回事，在必要的时候要将此事及时告诉可以信任、可以提供相应帮助的有关人员。

（4）紧急救助

如果你认为对方的自杀可能性很高，就不要让对方独处，在保证自己安全的前提下，转移可能引发自杀行为的工具物件，并及时向老师、心理服务机构、心理咨询中心寻求相关帮助。

第三节　大学生心理咨询

心理咨询是心理咨询师施展专业专长，帮助求助者解决心理问题的过程，我国的心理咨询师大量涌现并活跃于社会已有大约 20 年的时光，所以目前社会上已经对心理咨询工作的科学性和实效性予以认可。但心理咨询是如何发挥它对人的心理健康的帮助作用的？它的科学原理、工作原理和方法是什么？大学生如何利用心理咨询维护心理健康，解除心理烦恼和困惑？这些问题有待具体了解。

一、心理咨询概述

心理咨询是心理咨询师将其掌握的心理学理论和技能实际应用于救助人，并最终帮助求助者解决心理问题或心理困扰的过程。在这一过程中，心理咨询师要遵守专业要求或职业规范，同时也要考虑到自己的专业知识和水平的限制，将其对求助者的帮助限定在一定的范畴之内，即在其专业专长的领域内提供服务。另外，不同的心理咨询师由于其所受教育和训练的背景不同，所遵循的理论指导不同，会有不同的工作方式和风格，不能强求一致。

心理咨询所依据的指导是心理学，准确地说是"咨询心理学"。美国心理学家魏特默 1896 年在美国宾夕法尼亚大学创办了第一个临床心理诊所，以诊治有情绪问题或学习困难的儿童，最早将心理学运用于临床中解决实际问题，并推动医学心理学的发展，魏特默首创"临床心理学"这一术语，并被誉为"临床心理学之父"[1]。临床心理学促进了心理测量学的发展和应用以及个体差异研究等，在大量工作实践积累的基础上孕育并诞生了"咨询心理学"。这一时期，除了魏特默以外，还有很多心理学家做了大量研究和心理学的实践探索，如高尔顿和卡特

---

[1] 贺丹军. 康复心理学 [M]. 北京：华夏出版社，2005.

尔的心理测量学工作，比奈和西蒙帮助弱智儿童进行智力测量，大卫的学生行为问题的行为指导研究等，此时虽然还没有完全形成"咨询心理学"的概念，"心理咨询"也还不是一种独立职业，而且这些心理学家在各自不同领域里的工作都只是为了实现某一具体工作目标，但却为"咨询心理学"的日后发展奠定了相应的基础，并确定了基本方向。

尽管在当时魏特默等人的工作受到心理学同行的指责和批评，甚至攻击。尤其是针对魏特默，认为他是旁门左道，不务正业，歪曲心理学的科学性、纯洁性。心理学本应该就是并且应该一直是大学里面的象牙塔式的研究，主要的研究任务应该就是研究心理的本质，但事实的发展却是，由于强烈的社会需求，不但心理咨询作为心理学的实践应用得到了发展，而且还带动和催生了众多应用心理学领域的发展，至今，心理学已经不可遏制地发展为两大领域或两大分支，即理论心理学和应用心理学。而应用心理学也广泛应用于各个领域，如管理心理学、商业心理学、体育心理学、司法心理学等。

目前，随着社会文明的发展和科技进步，我国的心理咨询已经在科学性、实用性、职业性方面得到了很好的发展，越来越得到社会各界的认可和支持，也有越来越多的人在求学、教育、恋爱、职业发展和个人职业规划、人际关系等方面需要心理咨询的帮助，以期获得个人心理和能力的更好发展，解除目前所遇到的疑惑或困境，从而更加愉快、健康地生活。

二、心理咨询的范畴和原则

（一）心理咨询的范畴

心理咨询的范畴包含心理咨询师的定义范畴，心理咨询的定义范畴和心理咨询的服务的社会学范畴等，根据我国的《心理咨询师国家职业标准》对心理咨询师的定义：心理咨询师是运用心理学以及相关知识，遵循心理学原理，通过心理咨询的技术方法，帮助求助者解除心理问题的专业人员。[1]其中界定了心理咨询师的专业、知识、职业、方法、咨询关系等相关范畴，也界定了心理咨询师与求助者的关系，而特别应当指出的是心理咨询师应用的是心理学的方法，而非医学

---

[1] 张健.中华人民共和国国家职业标准实施手册（上）[M].北京：中国致公出版社，2003.

的方法，当然也就是非药物方法。

与思想政治工作相比，心理咨询有着诸多不同。第一，心理咨询的教育功能较之思想政治工作，在对人们的人生观、价值观的塑造方面的作用小了很多。心理学原理或理论是心理咨询的理论基础，心理咨询重视解决求助者为消极情绪困扰的问题，帮助求助者正确认识自己，增强对自己的心理特点进行自省的能力，这与历史唯物主义和辩证唯物主义宣讲的对人的思想的建设、规范和教育的哲学渊源有着很大的区别。综上所述，首先思想政治工作或德育教育在基本理论、原则、方向上是不可能用心理咨询换掉或替代的。

其次，侧重不同，思想政治工作着重于行为规范，对人们理解和建立道德、良知、理性的作用是巨大的。而心理学工作则是以一种人们乐于接受的内容和方式去探讨人的深层及内在的感悟、感知、情感、气质、性格，甚至是"无意识"（潜意识）。换一种说法，思想政治工作是在国家、法律、政策、政治方向等的基础上，以理性的角度对一个人的规范。而心理学的学习、教育，包括接受心理咨询，则是从感性的角度对一个人的胸襟、情感、情趣、气质、修养进行提高和升华。二者相较而言，思想政治工作的规范作用更强，而心理健康的发展，对"兴趣""性情"的培养和"潜移默化"更为侧重。

最后，德育将社会伦理、秩序、规范、人与人关系中的文明作为目标。而心理健康的教育、维护和发展对人内在的心理平衡、和谐、健康以及人格的健全更加重视。虽然最终还是会在达成人与人乃至人与自然、家庭、社会的和谐上有所涉及，但人内在的精神积极、活力、调和、自主和自制才是其真正的着眼点。

尽管很多心理学家通过各种文字和篇幅尝试对复杂的心理咨询的定义进行注解和说明。但结合上文所讲，我们可以得出一个简单的结论：心理咨询师针对求助者内心的困扰或心理健康问题，采用商谈或会谈的方式、方法，与求助者一起进行分析、研究和讨论，最终将求助者的心理问题的症结、原因、探索解决的条件和途径揭示出来，重新建立求助者的自信，使其能够将心理困扰摆脱掉，克服内心的障碍，达成新的心理平衡，重新获得心理健康，这个过程就是心理咨询。这里从以下几个方面对心理问题的心理学范畴的内容进行大致的阐释。

1.心理发展方面

随着年龄的增加，一个人的心理活动也在不断地成长、变化、成熟、健全。心理学原理解释了人的心理活动也会衰退和终止，这与人本身的衰老和生命的终结紧密相关。在心理咨询中，当事人的困惑和痛苦基本都是因为在生命的某一阶段，心理发展活动受到了阻碍和困扰，给当时的心理发展造成了障碍。

2.社会生活事件所致的心理影响方面

当今社会，不断变化着的社会结构和日益复杂化、多样化的人际关系，人在关系上、文化上、道德观念及心理上的矛盾冲突，会被新的社会经济、文化的变革所影响。这样的心理冲突和反应同时由个人所处的家庭背景、价值观、个性等差异制约，使人们在评价和认识上，对各种社会矛盾和生活事件产生不同的反应。

就上学、考试、恋爱、婚姻、就业、迁居、疾病等常见的生活事件而言，最典型的例子就是在家庭中父母与子女因同一件事产生不同的观点而爆发的冲突，而如社会动荡、战争、灾难、亲人亡故、被罪犯侵害等特殊的或不太常见的，无论事件大小，哪怕是某种细微反应都会不同程度地影响心理健康，甚至会造成难以抹平的心理创伤。

3.心理健康问题

心理健康问题是从婴幼儿到老年都会遇到的问题，从情绪困扰到疑似心理障碍，例如焦虑，当事人遇到了自己无法解脱的焦虑时会更加疑惑、焦躁，如果不能及时得到有效的指导或疏解，甚至可能会发展到无法正常生活，或成为焦虑症患者。

在现实生活中，每一个人都可能会遇到类似的心理问题的困扰，如恐惧、担心、反复思虑、不安、失眠、缺乏安全感、注意力下降、自责、罪恶感、记忆力障碍等。

与生长、生理发育相关的健康问题也有很多，例如性发育、性心理问题、性欲异常或性变态问题，与健康相关心理问题，如各种疾病与心理健康的相关问题，疾病或精神疾病康复问题，心理健康心理卫生知识问题等。

（二）心理咨询的原则

咨询者必须在咨询过程中遵守的基本要求就是心理咨询的原则。在长期的咨询实践中，咨询工作者不断更新认识并逐步积累经验，最终总结出了心理咨询的原则。大学生心理咨询工作应遵循的基本原则主要包括以下几个方面：

1.保密性原则

保密性原则是心理咨询原则中的首要原则，这表明心理咨询人员要对谈话内容予以保密，在道义上和法律上对来访者的名誉和隐私加以保护。除非获得了来访者的同意，否则不得将来访者的言行在咨询场合下向任何人或机关随意泄露。

保密是心理咨询中最重要的一条原则，是咨访双方建立信任的基础。来访者所面临的心灵困境常常涉及其隐私，只有在确认其所说的都能得到保密的承诺时，他才能将自己埋藏心底的困惑与苦恼毫无遮掩地讲述给咨询者，而这些可能就是其心理问题的症结所在。因此，保密原则既是职业道德的要求，也是咨询能有效进行的最起码、最基本的要求。但是保密也不是绝对的，当存在危及来访者的生命或他人生命的严重情况时，就必须考虑保密例外，即根据具体情况与有关人员沟通，采取必要的干预措施，以防不测。

2.自愿原则

心理咨询是一种心理援助活动，它的前提是咨询者和来访者双方都知情同意，来访者完全出于自愿来寻求心理咨询。这不仅是尊重当事人的体现，同时也是有效展开心理咨询的必要条件。

对于既是心理咨询的对象，同时又是咨询主体的来访者而言，进行自我探索，解决自我问题，是来访者寻求心理咨询的目的。咨询者在咨询过程中不能以"救世主"的角色来帮助来访者，而是以"协助者""推动者"的角色来提供咨询。每一个来访者的人格和独特性都应当受到尊重，来访者无论是离去还是中止咨询都是自愿的，这是他们的权利。

3.发展性原则

咨询者在发展性原则的指导下，在咨询的过程中，对来访者的问题要以发展的眼光来看待。对于咨询者来说，发展性原则无论是分析问题还是把握本质，无论是解决问题还是预测咨询结果，都应当一贯地坚持下去。处于发展变化过程中的学生问题，需要咨访双方更加灵活地看待，不能轻易地以某种心理障碍或疾病将来访者的问题进行归因。咨询师要明白大多数的来访者其实只是暂时在适应、情绪、交往等方面存在困难，其心智潜能需要在咨询者的帮助下发掘出来，最终战胜自己。咨询师不仅要对来访者的发展历程和发展结果有所了解，还要将来访者今后发展的可能性和发展方向揭示出来，这才是发展性咨询的目的。

4.预防重于治疗原则

这一原则要求心理咨询者对常见心理障碍要加强研究和分析，对其发生、发展的一般规律和治疗方法要能够熟练掌握，让来访者的心理问题能够早发现早治疗。心理卫生知识的宣传普及工作是维护心理健康的第一道防线，让学生们了解和认识到预防重于治疗，能够使绝大多数的学生的心理健康获得保障。

5.价值中立和无条件积极关注原则

对来访者进行价值判断是咨询者在心理咨询中应当避免发生的事，但是咨询者也不能将治疗师或咨询师的价值观念强加给来访者。相反，治疗师要对来访者展现出充分的尊重，并完全地接纳来访者所持的价值观念，以满腔热情、真诚的态度对来访者予以无条件地积极关注，相信每一个体独特的潜能，以正面、积极的态度来引导来访者的转变与成长。

6.助人自助原则

咨访双方的真诚关系是心理咨询的基础，这种关系能够使内部成长的关系得到启发或促进。因为积极的建设性变化的巨大潜能正在被人以及自身的不断成熟所激发出来，所以，咨询师在咨询过程中并不是直接替来访者解决问题，而是启发和鼓励来访者理清思绪，发现问题的症结，从而找到解决的方法。这个过程也是来访者的心理自我成长的过程。

三、寻求心理咨询的帮助

经过近些年的建设，国内各高校都已经建立了心理健康服务机构，可以通过班级辅导员、学生会或学工部联系，也可以通过电话、门诊、网络等提出要求，辅导员或心理老师会予以接待、安排。一般或常见的生活中的小问题，很多同学会习惯找自己的好朋友倾诉，或首先想到的是给自己的妈妈打电话，或者找人评说等，这样也是可以的。只要能够控制好自己的情绪，采用可以接受的方式与人交流就可以，如果同学中或班级中有心理委员、心理辅导员、咨询员也可以相约咨询。

如果有求助校外心理健康咨询机构或专科医生的需求，需要注意其相应资质。我国是以通过国家相应资格考试，取得国家二级或三级心理咨询师资质为准。现在也有很多网络咨询，但要注意鉴别。

（一）什么情况下应该寻求心理咨询的帮助

大学生有了各种问题，认为应该去寻求心理咨询的帮助，去向心理老师讨教，那自己的问题是否可以得到心理老师的帮助呢？一般来讲，心理老师会在了解了具体情况以后告诉来访者他的问题是否属于心理咨询的范围，心理咨询是否可以给来访者提供帮助。如果不能提供帮助，当事者的问题应当寻求哪个方面的帮助等。或者有些问题的某个方面是心理方面的问题，而同时可能还涉及某些其他方面，常见的相关方面有：管理、教育、医学、司法或与当事者所学专业相关的规定、法规、方法、后果等有关。

如果当事者的问题确属心理咨询的范畴，那如何求寻求心理咨询的帮助呢？一般来说，可以从两个方面来考虑选择，即个人问题的类型特点或心理咨询的方式。以学习或是教育问题为例，某同学学习成绩不理想，造成这种情况的原因有很多。诸如，本来此门课程较难，不容易掌握，也可能教学安排或课程设计有问题，导致学生学习困难，学习的课程时间不够或课时太少，学生本人的学习兴趣差、没有认真听讲、没能掌握学科要领或要点等。经过心理老师耐心帮助他（她）分析，最终发现，班里有近半数的学生该门课程的学习成绩很好，没有问题，另有约三分之一的学生该门课程学习成绩及格，那就可以得出判断，该门课程教与学的情况是正常的。应该考虑该同学本人的具体情况，其中包括该学生与那位任课老师的关系的具体情况，心理老师可以建议该学生接受针对他（她）本人在这门课程学习中的心理问题的咨询。这就是心理老师针对一个普通同学开始进行心理咨询和分析的例子。

1.常见心理问题

如果从常见的个人心理问题类型来看，一般有如下几个方面：

（1）学习问题，包括个人的学习兴趣、学习志向、方向的选择、学习困难的心理问题及解决途径、学习方法、智力发展与解决途径、如何利用心理学知识方法提高学习成绩、如何改善个人智力结构、如何提高记忆力等。

（2）个人发展问题，如个人的职业选择方向或依据，个人的心理、智力结构特点与个人未来发展道路的选择、职业兴趣与发展前景、从事某职业的性格分析等。

（3）个人的个性、所遇到的人际关系问题的处理方法及心理调适、人际关系矛盾问题的解决方法、如何看待和保持友谊、如何处理好人际关系问题与其他问题的关系等。

（4）如何看待和理解异性，如何与异性交往、相处，如何选择恋爱与结婚的对象，自身性格与恋爱婚姻的关系分析，婚姻的实质与把握，性器官与性生理、性心理的发育、发展，性变态，性功能障碍，性欲异常等。

（5）情绪问题焦虑、抑郁、恐怖、紧张、强迫、病理性冲动等，行为问题如网瘾、暴力倾向、迷恋色情、赌博等。

（6）各种生活事件或突发事件导致的心理问题，如各种事故、伤害、亲人亡故、灾难性事故、自然灾害、火灾等。

（7）各种与心理相关的健康问题，如抑郁症、自杀问题、精神疾病、慢性疾病的心理问题，冠心病、高血压、溃疡病等心身疾病问题。

（8）心理测验及相关问题，例如，如何分析和认识智力测验结果，如何分析人格测验结果等。

（9）怎样能够使健康阳光的心理状态始终保持，最终获得愉快的大学生活，对个人心理健康有益的活动有哪些。

可以向心理老师或心理咨询师了解以上这些问题，寻求他们的解答、帮助。心理老师如果遇到了他们难以解决的问题时，就会向求助者推荐专业人士。如果想要通过心理咨询解决自己的问题，但又对走进心理咨询室的大门感到不好意思的话，可以选择其他方式对部分心理问题进行解决，这与心理咨询取得的效果是一样的。

2.心理咨询的方式

心理咨询的方式常用的主要有下面几个类型：

（1）门诊咨询。心理咨询中的采用的主要方式就是门诊咨询，也叫面对面咨询或一对一咨询，具有深入、隐秘、具体、个性化的特点。这种心理咨询方式非常适合处理个人的情感问题、恋爱婚姻问题、性问题、个人情绪或行为障碍问题、人际矛盾的问题等。

（2）团体咨询。这种形式一般是求助者组成小组来进行，这些求助者有着共同的问题。大家可以一起讨论、交流彼此共同存在的问题。老师或心理咨询师给予引导、分析、点评，气氛活跃，会收获较多的信息、知识，拓宽思路，解决问题。一般如遇到学习问题、生活问题、个人心理发展问题、常见的性格及人际关系问题、职业问题、工作中常见的心理矛盾问题等，都可以去参加或接受团体心理咨询。

（3）电话咨询。一些因交通等条件无法来到咨询室的人，一般会采用电话咨询的方式。这种方式相较面对面的咨询，效果没那么好。但是现代大学校园里的很多学生，尽管有面对面进行心理咨询的条件，但仍旧因为某些原因选择了电话咨询。还有一些情况，电话咨询是首选的方式，比如在一些突发事件后，当事人受到事件的冲击和影响，首先选用电话咨询。

（4）网络咨询。现代网络媒体发展很快，网络发达，有包括微信等网络工具，方便人们进行交流，对于不便于与面会谈的求助者来说，是一个很好的交流工具和平台。

此外，还有一些其他的咨询方式，如心理健康讲座、信件咨询等，可根据具体情况进行选择。

（二）心理老师和大学生应当建立怎样的关系

现在全国各大学都建立了心理咨询室，开设心理健康教育课程，与心理老师应该并不陌生。但走进心理咨询室，和心理老师或心理咨询师近距离接触，促膝谈心，总和在课堂上与老师交流不一样。很多大学生也缺乏在课堂以外与老师或心理咨询师如此近距离接触的经验，难免拘束、紧张、心慌，不知如何开口，甚至手足无措。或者将心理咨询师等同于其他一般老师，或者认为来找老师就是因为老师是火眼金睛，有极高的洞察力和判断力，能够一下看穿事物和学生的内心，来了就是听老师的点拨、训诫、教导、教育的，不用怎么说话，老实低头听老师的就可以了，这种想法当然不符合实际。另外有的大学生认为，来找心理老师就是来倾诉委屈的，进门没用20秒，就开始痛哭流涕，一把鼻涕一把泪地诉说个人"苦难"，说完了，丢下一地纸团，站起来"拜拜"，走了。这两种情况都是不知道如何与心理老师建立良好关系进行有效交流。还有就是有的大学生缺乏心理学常识，对心理咨询一点都不了解，在和心理老师交流的过程中对心理老师产生了误解。例如，对心理老师的谈话方式和提的问题不理解，有的大学生说："这个心理老师都这么大年纪了，又是个女老师，怎么还问我小时候的性冲动，还有现在性器官发育、遗精的事儿？太不好意思了！这老师怎么好这个啊，我下次不来了。"就是一种大学生缺乏对心理知识的了解的反应。

那么，如何去与心理老师或心理咨询师建立关系？应该建立一个什么样的关系呢？

1.温暖、信任的良好关系

求助者希望通过心理咨询获得帮助，首先要信任心理老师或心理咨询师。尤其是本校的心理老师，学校委任他（她）来担任这个特殊的"园丁"，一定是对这位老师的学识、人品、能力等进行过考察，他（她）所受过的专业训练、专业成就和水平应当是可信的、能够胜任的。所以，对于他们，尤其是本校的心理老师或本校领导或心理老师介绍来的某位专家、专业人士都首先是不予怀疑、信任他们。再有就是对他（她）的态度的信任，相信他（她）能够对求助者尊重、真诚、理解、关怀、有悦纳和温暖的态度。他（她）作为专业工作者是能够站在求助者的立场上理解求助者，为求助者的所有权益或利益考虑，保护求助者的利益不受损失，而且他（她）应当支持、鼓励求助者，给予他信心，希望他战胜困难，让求助者有希望。总之，对于心理老师或心理咨询师的态度是不应当怀疑的。

还有一点要说明的是，作为受过专业教育和训练的心理老师或心理咨询师，在心理咨询过程中为了保证心理咨询的效果及咨询目标的实现，会尽力把握求助者与心理咨询师的关系，即使产生某些疑问或冲突，也相信心理老师会帮助把握和引导求助者改善，因为良好的咨询关系是心理咨询能够取得一定效果、达到咨询目标的基本保证。

2.学习、接受心理学知识

心理咨询的主要目标是心理健康，求助者希望为增进自己的心理健康而克服某些不良心理感受，预防心理疾病，控制某些不利于心理健康的不良行为或生活方式，或者为针对自己、家人、友人的某些心理健康的相关问题求得答案，这类问题的主要宗旨都是了解和掌握心理健康方面的心理知识。

解决有关生理心理、遗传、教育、性格等问题的前提是需要了解有关的基础心理学、生理心理学、发展心理学或教育心理学等方面的知识。而是否持有理性行为，则不仅是对个人的心理健康或生活习惯、生活方式是重要的，在生活中很多问题的发生发展中，如面对人际关系问题、学习问题、情绪情感问题时，理性行为也起着非常重要的作用。例如，对于网络，在中国的大学生中间，已经是不可或缺的生活的一部分了，但是如果有的大学生不能够理性地对待，则会产生非常严重的心理健康问题,如网络成瘾、网恋、网络赌博、网络犯罪等。而这些心理问题都有一个共同的特点,就是非理性,非理性主要体现为非理性行为。非理性行为可以是从轻度、一般到严重的各个不同程度,所造成的心理健康危害也是不同程度的。不过纠正非理性行为可不是和心理老师或心理学专家见了一次面,或接触过一次,做过一次心理咨询就能够解决的,按照心理行为的科学规律,这些情况的形成"冰冻三尺非一日之寒",解决的方法必须是学习理性的行为,首先树立信心,明确目标,然后耐心学习,反复训练,加上多次反复的调整和训练,最终才能养成合理的理性行为的习惯。所以,这样的咨询关系,求助者与心理老师就像运动员与教练员的关系,也可以说是一种特殊的师生关系。

3.为求助者提供保证、支持的心理学同盟者

大部分求助者都是在心理方面感到了困惑、烦恼、不解,以至焦虑、抑郁等等,内心深处无比无助、懊丧和痛苦,才走进心理咨询室的大门。如果在此期间,求助者的父母亲人、同学、朋友能够理解、同情他,就有助于求助者问题的解决。反之,不但对问题的解决没有助益,还会使求助者增添新的烦恼,致使自己更加悲观、难过。而有些能够沟通交流的家人或朋友,即便叙述了事情的原委也难以提出可操作的意见或建议,或者让求助者委曲求全、逆来顺受,这样的解决办法,也让求助者难以接受。这时,维护求助者的心理健康就成为心理咨询的重要功能和工作原则,所以,无论求助者遇到什么样的困境或事件,心理老师或心理咨询师都应当把心理方面的保障和支持作为工作重点。而且,虽然父母、家人、朋友与求助者有着深厚的情感基础,但面对心理学的问题仍是心有余而力不足,只能由心理老师或心理咨询师通过专业知识和训练,把专业的心理学的支持和保障提供给求助者。有些求助者刚刚与心理老师联系上,并且对他的专业声誉有了了解后,心理咨询尚未开始,心情就变好了一些,这也许就是专业性给予的安全感。

4.能够为求助者传授经验、分析利害的朋友

大学生缺乏社会生活的经验,遇到问题,周围的亲人、朋友一时又帮不上,难免会在心理上感受到打击,认为自己所遇到的问题是世界难题,是最个别的、最独特的、别人都没有遇到过的。在心理咨询初始的时候,听到心理老师说这些问题不算什么,属常见问题时,可能还会怀疑其真实性。事实上,心理老师接下来会和求助者分析、讨论,对求助者所遇到的问题予以剖析,说明求助者所遇到

的问题在心理老师看来是有许多案例的,有大量的处理这类事情的经验,心理老师完全可以成为求助者处理他所遇到的问题的智囊和后盾。

当然,心理老师在具体帮助求助者时会有一个过程,会询问相关的或看似不相关实则却很关键的问题。作为求助者,面对自己的心理老师应当打消不必要的顾虑,配合老师的分析和帮助,心理老师有时提的一些问题会让求助者觉得荒唐、不相干,或者让人害羞,其实这在心理咨询中是平常的,甚至有些问题是关键的。

有这样一个例子大家可以从中了解到作为求助者和心理老师的配合,消除顾虑,敞开心扉大胆诉说自己内心深处的矛盾和烦恼是多么重要的。某高校的大二女生在好朋友的劝说之下来到学校的心理咨询室,一开始就是说自己比较内向,不善交际,同学们可能有些误解,请老师给指点一下今后的注意事项。心理咨询师给予了一些这方面的心理学知识的介绍以后,又和她闲谈了一会儿,了解到她虽然比较内向,但能够正常学习生活和交往,人也比较稳重,就是同学关系比较淡薄,没有什么朋友,只与一个同宿舍的同学关系最好。了解了这些情况以后,心理老师建议她下次来的时候,请她的那位关系最好的同学一起来。并且鼓励她别有顾虑,今后通过个人的努力一定会解决这方面的问题。她愉快地答应了。她几天以后再来时果然请她的那位最好的同学一起来了。在与那位同学的交流中,心理老师了解到,求助者平素在同学中给人印象不坏,就是太封闭自己了,说任何事情都好像有顾虑,跟她的关系最要好的同学也仅仅就是这一个人。而那位同学说她也搞不懂,两人有时本来谈笑闲话,好好的,她就会突然冷下来,问她怎么了她也不说,有时表情是那种比较愁苦的样子,不知道为什么。不过一般过两天她又会好起来,别的同学曾经也说,你和她好,不容易!说到这儿,她和心理老师说,反正我这个人也不爱多想,简单、乐呵,同学嘛,没关系。好就好了,她心情不好可能有原因吧,我不计较,也不多想,所以对于她来说,她也就是和我关系最好了。听完这个同学的介绍,心理老师对她给予了肯定和赞扬。

从上面的案例我们可以看出,心理老师较大学生求助者有更加丰富的社会生活经验,能够帮助求助者在权衡利害、处理问题方面提供有益的意见和建议,或帮助求助者分析解决问题的方法及利弊。同时,心理老师还有专业知识和独到的锐利的眼光,循循善诱的方法,可以帮助求助者春风化雨般地解除心结和顾虑,帮助求助者一扫心中的阴霾。所以,作为求助者如果能够打消不必要的顾虑,敞开心扉,更加信任心理老师,则会更加提高心理咨询的效果。

5.能够帮助求助者发掘内心潜力的探路者

"人生不如意事十有八九",这是难以凭借自己的意志所能左右的。每个人对挫折的承受能力与应对经验都是不一样的,人们从心理咨询师那里寻求帮助,不仅仅能获得知识,还可以学会对遇见的事物或事件做出清晰的分析和认识。更重要的是,通过咨询,求助者的内心得到成长和锻炼,内心潜力得以发挥出来。

曾有这样一个案例,一个大学生求助者和同宿舍的同学总因为一些日常琐事发生矛盾,又不知如何处理,同学之间的关系一直十分别扭。例如,在自己休息的时候,别人不注意打扰到了自己,有的同学吃了他的东西,宿舍里的开水只管用不管打等。这位求助者的情况和心理老师的帮助下进行了细致的分析,心理咨询师也给他提了一些建议,其中有一句话叫作"相互理解,互通有无",建议他在别人吃了他的东西,用了他的日用品时试着宽容一些,并用如"肚子饿了?""中午饭没吃饱?""又没有肥皂了?""忘了买了?"这类话让对方觉得你能理解对方。另外当自己身处困难之中或一时不便时,向别人求助也是可以的。咨询结束后,求助者采用了心理老师的建议,过了一段时间后,求助者发现自己不但比过去更开朗,也改善了人际关系。心理老师之后问了他现在是否更加理解别人了?求助者说是的。心理老师告诉他,祝贺你,有了新的收获,你增长了能力,要知道理解别人也是需要能力的,这叫作理解力,理解力是能力的一种。

还有一个例子,求助者应该说是一对母子,首先是做母亲的来找到心理咨询师说大学毕业的儿子很让她操心、焦虑。儿子大学毕业后本来有一份不错的工作,工作单位一职难求,非常让人羡慕,但儿子上班工作了几个月,自己辞职了!而且辞职的理由让人啼笑皆非,说什么要早起八点上班,起不来,太辛苦,还有单位的领导太严肃,太爱批评人,也让人受不了,工作干不好,不容易掌握,同事也不热情,不好相处等。总之,太难了,干不了!父母苦口婆心地做工作,说工作其实并不难,别人一般半年一年的也就掌握了,领导和同事熟悉了也就没事了嘛,辞职多可惜啊。但儿子就是听不进去,还是辞职了,后来又经过几次跳槽,都不能干下去,稳定不了,现在说要出国,别人建议来找一下心理咨询师,看看能否帮到他。

心理咨询师在和她的儿子有过接触和了解以后,告诉她你儿子很好,是一个学习成绩优异的高才生,也是一个名校的毕业生,最初能够谋得那样一个让人羡慕的好职位,一点都不奇怪。但是他的心理状态不好,总是怀才不遇,怨天尤人,心有不平，认为别人应该尊敬他，不能批评他，更不应该给他让他接受不了的态度。他想得到工作的成绩和待遇让他不满意，或者要在别人后面忍很久才行，这都让他受不了。心理学将此类问题叫作"人格问题"。孩子的知识，尤其是专业知识没问题，专业对口，知识水平和知识结构都应该是足够应对他的工作的，但是他的心理准备不足，对社会现实缺乏认识，对人际关系缺乏了解，对处理人际关系几乎是空白，尤其在心理方面有一种亟须的能力他极为欠缺，就是"忍耐力"！忍耐力看似平常，但实际上对一个人的能力的储备、平衡和发挥具有非常重要的作用。虽然说人各有不同的性格、气质，忍耐力或俗称耐性也肯定会因人而异，但人在社会上活动交往，尤其在现代社会，人们的相互关联性、相互依赖性都比过去增加了很多，所以现代社会对人们心理上的这方面的要求也增加了很多。更何况有很多专业领域人们还强调合作才能完成工作目标，这方面的要求就更高了，孩子在这方面较为欠缺。当然，如果他愿意学习的话，通过学习和训练的弥补也不是需要太长久的时间。听了心理咨询师的介绍，这位母亲似乎明白了一些，但是她接着又问心理咨询师："我儿子是学习成绩还不错，你说的我也觉得有些道理，但是我也是觉得他没碰上好人，他的同事里好多都是工作了好久的老同志了，要是能够好好爱护他，鼓励他，他肯定能行的。不过以他的专业知识水平，他们那些人比不过他，所以他们也肯定嫉妒他，不会好好对待他的。因为万一将来我儿子优秀，超过他们，那他们岂不是很没有面子的呀？他是没有碰到好人。但是我奇怪的是，他也太不顺利了，连着换了好几份工作都不顺心，我就有点担心，怕他心理上真有些什么不好，这才来找您。那按照您刚才那样一说，他可能真的心理上有问题吗？这忍耐力有这么重要吗？"

　　心理咨询师认为："当然重要，虽然说人的脾气秉性各不相同，人的忍耐力也天生就有差异，但随着年龄的增长，接受了更多的教育和训练，人们这方面的水平也会逐步提高。这种心理的成熟在心理学上归于意志力的范畴。比如说，人在婴幼儿时期，无论是病痛、不适还是渴了饿了等生理需要，都会首先以哭声来表示。等到年龄稍长，妈妈不会太鼓励儿子用哭来表示了。不管孩子是渴了饿了还是摔倒了，手脚磕破了、流血了，妈妈一般会鼓励孩子不哭，会说不哭，好孩子不哭，还会说你忍一会儿，咱回家吃饭，还会说你忍一会儿，再坚持一会儿，妈给你做好吃的。孩子也会懂得多忍耐一会儿，会得到赞扬，会得到奖励。极少有做妈妈的会傻傻地一味纵容孩子，会在孩子只要一哭闹时就立刻满足孩子的所有的合理的和不合理的要求。孩子再大一些，就更会懂得这个道理，学习上也要克服困难，坚持才能有最后的收获。比如说您儿子要出国，在此之前学习外语，在学习中所有的苦、难、不容易，都要忍耐和克服，到最后参加考试或出国以后应用外语才能得到这种努力的回报，没有忍耐力、意志力，能行吗？可是，我们现代的大学生，有一些人认为这些道理只在学习上适用，只在个人利益或与个人目的相关的时候才是明白的、通晓的，在做人方面，在社会交往方面就回到了相当低级、幼稚的水平。如工作怕累、怕辛苦，不愿意帮助别人，只愿意获取，不愿意付出，只要表扬不要批评，只要安慰、关心、体贴，不要担责，只要组织照顾不要组织纪律等。而且在别人指出来的时候不能反省、反思、改变自己，这种基本能力的欠缺而又不能弥补，那就无法走入社会去发挥聪明才干，也无法得到个人的良好发展，甚至会因为心理上的这个问题造成人生的大遗憾。这都不是个案，不是新闻。"

这位母亲听了这些话，沉默了很久以后说："你说的这些好多我都有。"当然这个案例的求助者现在已经有了改观，心理基本上也是阳光的、愉快的。只不过母子二人都经历了较为困苦的一段时间，才有了些许的改观和收获。

根据以上的介绍我们可以知道，心理咨询的效果或求助者收获的多少，既在于心理咨询师的专业水平，也在于求助者的主动性，心理咨询师的助人愿望是在求助者的自我反思、自我探索、自我提高的愿望的基础之上实现的，这种自我反省、自我能力的提高，心理咨询师的专业眼光和经验功不可没，只有这种犀利的专业眼光才能鞭辟入里，水到渠成，问题也常常在这样的有效努力之下迎刃而解。求助者也要相信自己的心理潜力，过去认为不可能、不能解决的事情，其实经过努力都是可能实现的。

（三）如何评估心理咨询的效果和处理特殊情况

做心理咨询和在世界上做任何一件事情一样，无非有两种结果，成功或者不成功。这其实是正常的，凡事皆有两面，不可能是单一的一种结果，对心理咨询的期望也是，心理咨询也不是一定成功的。但有些情况属于求助者对心理咨询的理解不足，或是心理咨询师解释不够，所以，这些都需要增加对心理咨询效果的科学评估的了解，也需要了解一些特殊情况的处理原则。大致有如下几个方面：

1.心理咨询的效果评估

心理咨询的效果评估，应有较为客观公正的评价系统。这个评价系统也应是较为全面的，考虑到所应包含的所有方面。一般来说，应当包括求助者的主观感受，也应包括心理咨询师的感受和评价，心理测量后及与其之前相应的心理测量结果的比照和计算统计结果等。在所有这些心理咨询的效果评估中，既有求助者和心理咨询师的主观感受，也有心理测量、他人评价等客观性评估，这是目前心理咨询的效果评估中的通行方法。

2.求助者个人感到没有达到理想的预期效果

如果求助者认为达到了预期效果，而且这种主观感受和前面我们介绍的其他几个方面的评估结果一致，那当然是比较理想的情况。但求助者如果觉得没有达到预期效果，且与心理咨询师的评价及其他几项评估的结果不一致，那应该怎样认识这种求助者的个人主观感受呢？在这方面，虽然可能有这样那样的诸多因素，但一般常见的情况主要有如下几个方面：

（1）求助者的误判。出现这种情况既有求助者的原因，也有心理咨询师说明不够的原因。因为心理咨询有一定的规律性和方法要求，要充分考虑到求助者的不同性格、处事方法、价值观，要考虑到影响求助者心理状态的环境、条件等各种因素，心理咨询师的工作必须要符合科学规律，因势利导，切不可操之过急。求助者如果在尚未取得应有的心理咨询效果的时候就过早地只凭自己一时感受作出无效果的判断，则明显是误判了。另外，求助者的误判也会表现在对心理咨询的效果一致性方面，例如，心理咨询师认为已经有了转机或一定效果，而求助者却仍然认为没有效果，或者认为心理咨询师的方法或观点分析不能被求助者认可，但事实上是求助者不理解心理学或某方面的专业知识造成的，都可能是求助者的误判。

（2）求助者感到痛苦，无法继续，不能取得预期效果。并不是所有的人都是理想的求助者。求助者必须有明确的目标和较强烈的愿望，还要确实信任心理咨询师，一旦决定并开始进行心理咨询，就不要会轻言放弃。求助者应当明智地、客观地对相关的人和事进行过思考和分析，有去勇敢地承担责任和面对困境的心理准备，也有为了美好的未来和个人的长远利益接受心理上冲击的心理准备。所以说，接受或寻求心理咨询是寻求个人的未来。一个大学生在经历了某种挫折后来寻求心理咨询的帮助，但仅仅是经过了两次心理咨询后，求助者的妈妈就焦虑地来找心理咨询师说，我看到我儿子这个样子太不放心了，所以来找你，他现在回到家比过去沉默多了，不光是不爱说话，表情也比过去严肃、沉闷，有时候还好长时间一个人坐着发呆，问他什么也不说，不爱理我。看到他那么痛苦的样子我太难过了，我不知道怎么能帮助他减轻痛苦，让他开心，听说他来找你做心理咨询了，我来求求你，别让他那样了，行吗？心理咨询师听完了求助者妈妈的话，告诉她，您尽管放心，您的儿子没事的，他能够和我很好地交流，也能在心理咨询师的引导下很好地谈到自己，他现在有些沉默或愿意独处说明他在思考，当他想通了或思考到一定的领悟、收获时，自然会开心起来，不必担心。但我不能按照您的要求去做，去哄他开心，因为那样对他没有好处，对他的将来没有一点益处。正因为我不是您，我不是他的妈妈，我才要遵循心理学的科学规律，要知道他有痛苦，也会有成长。

从上面的例子我们可以看出，要想真正地较理想地解决问题，要相信科学，依靠科学的方法，勇敢面对问题，触及个人心理问题时会有痛苦，这种心理准备是要有的。如果说求助者是听不进刺激的话的人，不想反省和冷静思考分析的人，或者只是想来心理咨询室寻求安慰、称赞的人，或者求助者是一个无法控制自己的心情和行为的人，有着爆发性情感或特别容易冲动的人，这样的心理咨询的求助者可能不会在心理咨询中有真正的收获，应当慎重考虑和选择是否还要做心理咨询。

（3）心理咨询时间过久，不能结束。一般来说，求助者向心理咨询师就某一方面的心理问题寻求帮助，心理咨询的次数一般是 1~2 次到 10~20 次不等。当双方商定的咨询目标达成以后，就应当结束心理咨询。如果几十次或已经维持了几年的时间还没有达成咨询目标，导致其咨询时间过久，这一类就属于特殊情况。

在心理咨询史上，有深度的、难以短时间解决的心理问题确实存在。求助者通常有着严重的心理障碍、心理创伤，或者每周要持续数十次的心理咨询。但心理咨询师应能清晰地指出求助者的问题或心理痛苦，解决了多少，还有多少没有解决。

（4）心理咨询的关系问题。心理咨询师与求助者的人际关系，双方的关系应该是专业的、纯粹的、有限制的关系。而且不应同时具有双重关系、利益关系。如果双方在开始心理咨询之前没有心理咨询以外的关系，但在心理咨询开始以后或心理咨询进行到某一阶段时双方发展了心理咨询以外的关系，如恋人或情人关系、朋友关系，则会影响心理咨询的效果。一般来说应当结束双重关系其中之一的关系。如果双方产生某种情愫，又没有说明，例如，求助者暗恋心理咨询师但没有表明心迹，则会因为这种情景而使得心理咨询的关系维持较长时间。这时如果心理咨询的目标已经基本达到了，双方只要有所克制，不再发展这种关系和情感，就可以在结束心理咨询的同时，结束双方的关系。无论求助者是否向心理咨询师表明心迹，心理咨询师一般是不会鄙视、嘲笑求助者，或责备、训斥求助者的。

（四）心理咨询师的转介

在心理咨询中，心理咨询师因某种原因，希望将求助者介绍给别的心理咨询师的情形称为转介。转介在心理咨询中是允许的，一般心理咨询师会说明因为某种原因，为了求助者能够得到理想的服务或帮助，将其转而介绍给更适合的心理咨询师。转介是一种正常现象，求助者不必有太多的疑虑或担心。

当然，心理咨询师提出转介虽属正常，可也是出于不得已。更何况很多时候，心理咨询师和求助者共同努力，建立起来互相信任的、互相促进的、建设性的密切或亲密的良好的咨询关系，心理咨询师如果不是出于为求助者负责，为求助者利益的考虑，是不会提出转介的。

心理咨询师与求助者的关系问题也可能是转介的原因，大多数心理咨询师在遇到自己的亲戚、熟人、朋友、同事等需要心理求助时，会选择转介，因为这样可以避免涉及个人隐私、利益或某种人际关系时的难堪或阻力，或因为这些因素使心理咨询的效果受到影响，也防止因为这些特殊的双重人际关系影响到心理咨询师中立、客观地判断和分析。

心理咨询师与求助者关系欠佳时，也会提出转介，如双方在价值观上的差异，尤其是这种差异随着心理咨询的进程显得越来越突出，有明显分歧时。例如，对金钱的观点差异等，还有如态度、个性致使双方不能保持良好的咨询关系时，如求助者提出无法接受心理咨询师的权威态度，或者是求助者的退缩紧张、神经质等情况。

另外，心理咨询师提出转介的原因还有在专业知识领域的差异或经验的差异。例如，一位拥有职场心理问题的求助者向擅长学校或儿童心理咨询的心理咨询师咨询问题。在此类情况发生时转介是最好的解决方法，把这些求助者转介给适合的心理咨询师也是对他们负责的做法。

当心理咨询师提出请专业的精神科医师介入或将求助者转入专科医院的心理门诊时，这是咨询师考虑到求助者可能存在的心理障碍或某些精神健康问题需要精神科专家门诊予以排除或诊断，此时求助者的重视和配合就显得更加重要。这样的问题的后续也有两种选择的可能，一种是转介以后完全由专科医师处理，另一种是由专科医师和心理咨询师共同配合给予帮助。

第八章　大学生就业心理与创业心理

大学生需要对职业生涯的发展进行一定的规划，大学生毕业后除了选择继续深造之外，还可以选择就业与创业等。本章从就业与创业概述、大学生就业心理调适、大学生创业心理指导等方面介绍了大学生就业心理与创业心理。

第一节　就业与创业概述

一、大学生就业概述

（一）就业相关概述

1.就业

《现代汉语词典》中对就业的释义是"得到职业；参加工作"[①]。显然，就业就是找工作，这样简单的含义无法解释大学生的就业现状。目前比较权威的定义是：就业是具有劳动权利、活动能力、就业愿望的、法定劳动年龄内的公民，从事法律允许的工作，获得相应的劳动报酬或经营收入的过程。其中最后一项是就业的主要标志，即劳动收入。就业定义中隐藏着三种基本要素：就业人、法律条件和劳动报酬。而就业人则是有权利、有能力，同时更有自己意愿的这一"活因素"。因为有"活因素"的存在，才为大学生就业增加了很多变数和未知。

---

① 《现代汉语词典》编写组. 现代汉语词典 [M]. 北京：外文出版社，2013.

2.毕业

所谓毕业，是指大学生在学校修业期满，达到规定要求，结束在校学习。毕是完结的意思，此时的业是指学业的业，不是职业的业。

毕业能否与就业直通，取决于供求双方相互需要的满足程度。很多大学生及家长抱怨"毕业就失业"，其实属于陷入"毕业自然就业"的认识误区。交了学费，付出努力，所达到的标准是学校规范下的"学业合格"。就业的双向选择性决定了"就业不取决于毕业"，没读过大学的人依然有工作，甚至工作岗位是大学生的领导。

3.失业

当一个人达到就业年龄，拥有工作能力且欲谋求工作机会，但未获得工作的状态就是失业。而有劳动能力但自身不想就业的人属于自愿失业。大学生对推荐的工作不满意或者因期望值过高而不被社会接受，这样的情况不属于真正意义的失业。比如，每年的高校招聘会上，大学生在谋求职位时最先问的问题是"给我多少钱、什么待遇"。这样做虽然维护了自身权益。但是，只要与自己的期望不相符，就宁可没有工作也不迁就的状态不属于失业状态；有毕业证但不具备职位要求的能力而未被录用，也不属于失业状态。而录用后又因为难以胜任工作导致被解聘，也不属于严格意义上的失业。失业的内涵与没工作不完全一致，有能力且愿意工作但没得到工作机会的人，才是失业包含的人。

4.待业

待业可以简单理解为等待就业。分为两种情况：一种是把大学生接受完教育后却没找到工作，或者恶补技能等待工作机会，或者应聘失败称为待业；另一种"待"字具有等待机会之意，为了更好地施展个人才华，迎接挑战，实现自我价值，有时主动放弃较舒适的职业，养精蓄锐重新等待再选择就业，也是明智之举。

目前第一种情况很多，有些是专业本身就决定了"毕业之日就是待业之时"。即使遇到这种情况，也没必要气馁，按照自己的爱好、个性特征抓紧时间补充能力，尤其是能力结构中的"短板"，下功夫"恶补"，等待机会，一样会实现就业。

5.择业

所谓择业，就是大学生根据自己的职业理想和能力，从社会上可胜任的各种职业中选择一种作为自己从事的职业的过程。择业是理想与能力的统一，缺一不可。如果对择业的理解是"按照自己的理想挑选不同的职业",则是进入了认识误区。就业机会其中有一层意思是,由能力决定是否有获得工作的可能性。所以,对择业的正确理解应该加上一条:"在自己能力适合范围内挑选不同的职业。"其中的微妙区别在,前者容易单纯以自己的主观愿望为前提,后者是在肯定胜任现实工作的前提下,分析自己的优劣势,选择能够胜任并且出效益的工作。

择业成功的影响因素很多,如专业能力属于重要因素,但是,看到上一届毕业生应聘单位很理想,因为具备相同的专业能力,于是断言今年自己就业也会如此。如果僵化地模仿别人的择业,必然是"东施效颦",结果未必理想。积极的择业既可以先就业,"骑驴找马"式的就业,也可以边待业学习边寻找选择。因此,择业是因人因时因地不同而异的。

(二)就业相关解析

1.就业主体

事物的主要部分一般被称作主体。从哲学上讲,主体指的是对客体有认识和实践能力的人。在就业活动中,能够认识就业的本质、分析就业环境、选择就业方案,最后对实现就业等活动起主导决定作用的人,就是就业主体。大学生是就业主体,他们可以通过自己对就业的认识参与就业活动,他们的就业行为选择是根据自身的就业愿望进行的。因为就业主体在整个就业环境、就业过程、就业结果等诸活动中起着主导作用,所以随意地抱怨就业难是不严谨的。

2.就业愿望

就业主体在主观上对行为选择表现出来的强烈的心理倾向就是就业愿望。就业愿望是就业主体对客观现象进行主观加工后,由头脑中形成的意识、看法得来的,它能够制约就业行为。而客观的就业信息刺激了就业主体后,由于就业主体对信息加工的差异性,就会形成不同的就业愿望,这些就业愿望与就业需求是否相符关联性不大。所以,即便就业环境是相同的,仍会造成就业愿望的不同,导致就业行为也不相同。

3.就业观念

观念从通俗意义上来理解,是人们在长期的生活和生产实践中形成的对事物总体的综合的认识和感悟。

就业观念是指就业者通过对就业现实的概况，对就业目的、意义、方式等诸方面的根本性看法与态度，是对就业行为选择起导向作用的观点。

就业观念和就业愿望都对就业行为产生影响，但是，就业观念对就业行为影响更深刻。如"先就业后择业"的观念，就是先放弃单纯从愿望满足出发的就业行为，先找到能自食其力的工作，然后再按照愿望选择满意的工作。

4.就业机会

机会有两层含义：一是指恰当的时间或时机；二是指可能性。前者是从时间范畴而言，后者是从能力范畴而言。

就业机会是指大学生在时间范畴上"找到自己满意工作的时机或者在满意的时间里获得了工作"，在能力范畴上"面对就业岗位，本人获得工作岗位的可能性"。

只要世界上有劳动机会，就有就业机会，大学生亦是如此。社会不缺少以"工资"为标准的合法职业，大学生作为接受过高等教育的人，只要自己有劳动能力，办完相关手续就可以上岗。

由此看来，就业问题不是研究有没有劳动机会的问题，而是在有劳动机会的前提下，研究为什么存在"就业难"这一特殊现象，对这种特殊现象的研究，对当今急于就业的大学生来说尤为重要。

5.就业取向

取向一般指对某事物的确定选取的方向或趋向。人们在生活、工作中，各种判断和行为的选择都有一定的指导思想，都追求一定的目标，都有一定的倾向性。其中价值取向是指在多种生活、工作情景中指导人们行动和进行决策判断的总体信念，它以一种外在行为的形式体现着人们的价值意识、价值理想、价值追求等。

6.就业定位

就业定位是指在一定的就业环境中，在自己选定的就业方向和职业能力所及的范围内，找准最能发挥自己优势的位置。如成为某岗位最好的就业者（专家、精英、能手等）或实现最受欢迎的形象。

就业获取报酬，得到满意工作等都不属于就业最实质的问题，因为某些行业存在即使无所事事也有高收入的现象，找准自己的位置、方向，实现人生自身价值最大化才是就业定位的根本。高收益的工作不等于最有价值的工作，可以炫耀的职业不等于是快乐的职业。

7. 充分就业

英国经济学家 J.M. 凯恩斯在《就业、利息和货币通论》一书中提出了"充分就业"这一概念。充分就业是指在同一工资水平之下,所有愿意接受工作的人得到就业,这并不是所有人都实现了就业或者完全就业,失业仍然在一定限度上存在。但均属于摩擦性和季节性的失业,而且失业的间隔期很短。通常充分就业是指失业率与自然失业率相等时的就业水平,也就是说充分就业是以自然失业率 4% 为限,而即使一部分大学生不能立即取得就业机会,但他们处于充分就业状态。

8. 满意就业

满意就业是指求职者在寻找工作的过程中,对就业岗位各个方面感知的效果与期望值比较之后,符合自己的主观愿望,形成了愉悦状态的就业。满意就业是通过就业满意度来衡量的,就业满意度是对就业质量的主观上的感知与事先期望之间的差异程度。

就业满意度涉及就业岗位所提供的收入、地点、环境、工作单位性质等诸多因素,因为满意度属于主观意识,主观期望一旦脱离实际,满意度也会失真。工作岗位差异性和满意岗位的有限性,纯粹的、完全的满意就业是不存在的。如果期望属于好高骛远,就业满意度就会大大降低。

9. 理想就业

理想是人们在实践中形成的、有可能实现的、对未来社会和自身发展的向往与追求,是人们的世界观、人生观、价值观在奋斗目标上的集中体现。就业理想是指大学生在就业活动中的向往和追求,一般都带有很强的主观性。在缺乏对社会现实了解的情况下,就业理想容易带有幻想、梦想的成分。就业理想和理想就业具有不同的内涵,真正的理想就业很难存在,最适合自己、最美好的岗位出现具有偶然性,大学生可以为职业而应聘,而不要成为"职业性应聘人"。理想就业又具有相对性,最忌讳僵化的"宁缺毋滥",人们常说的"理想很丰满,现实很骨感"的感叹,多出于对就业理想的定位不准。

10. 快乐就业

快乐属于人心灵上的愉悦、开心的状态,人的需求得到了满足,在生理、心理上表现出的一种良好的情绪反应。快乐就业是指在求职过程和在岗工作中，处于并保持一种积极向上的心理状态，对工作项目兴趣十足，对事业发展充满信心，行为上保持旺盛的工作干劲。

人的生理需求得到满足之后，安全感、归属感、成就感等方面的需求会接踵而来，成为激发人的工作满足感的内驱力。有些清闲、收入稳定的工作，大学生也会逐渐产生厌倦、无聊；具有挑战性艰巨性的工作，大学生会逐渐感受到与众不同的成就感。

11.就业单位

就业单位是指拥有资产、具有法人资格的经济实体和社会服务组织，其内部按照需要设置不同的岗位或职位，岗位之间共同完成预期的任务目标。能就业的人不一定有工作单位，如私人聘请保姆，双方签订的合同具有法律效力，有劳动报酬和劳动者，也属于就业。

大学生选择就业单位，首先要明确单位性质，其内部的岗位、职位设置和就业目标是否一致，个人是否会胜任需求并获得发展机会。

12.就业岗位

就业岗位也称就业职位，是指在特定的组织（就业单位）中，在一定的时间内，由一名员工承担若干项任务，并具有一定的职务、责任和权限时所构成的位置。就业职位一词多见于机关、团体、事业单位，就业岗位一词广泛用于企业。

大学生对就业单位的就业岗位的了解掌握，有益于针对自己的特征、能力结构合理地进行就业选择。

13.职业角色

角色原指演员扮演的剧中人物；职业角色是指社会和职业规范对从事相应职业活动的人所形成的一种期望行为模式，是在社会分工的基础上而形成的权利、义务的标准样式。也就是说，你做某个工作就有相应的角色要求，必须按照一定规则，怎样去说或做，完成哪些，达到什么标准。如从事一线管理和办公室领导助理等工作，在日常着装、语言表达等方面，就会有明文规定外的一些惯例和大家心目中的期望行为模式。

（三）大学生就业中的异常现象

1.自相矛盾现象

在就业过程中，就业客体是指主体相对应的存在的客观事物，包括就业环境和工作岗位等，就业主体是大学生和用人单位的人。

大学生对就业主体认识的自相矛盾。大学生作为就业主体，不是提前、积极、主动研究自己的职业生涯规划，而是经常会消极等待就业部门的安排，抱怨社会、抱怨环境，将就业难归咎于他人或客观上的问题。

大学生在理性和感性认识上的自相矛盾。现在大学生离职的原因越来越感性化，在理性的角度来看是难以理解的。

用人单位用人欲望与合理方式的自相矛盾。校园的教育与社会难以挂钩，同时社会给学生提供实践的机会不能满足需求。

家长教育子女理性与情感的自相矛盾。家长们明白在年轻时吃苦耐劳，将来才会拥有美好的生活，但他们在对待自己的孩子的时候，却不能接受孩子吃一点苦，这就造成了许多孩子在工作中难以胜任分配的任务，却仍旧振振有词。

2.就业画地自限现象

所谓画地自限，是比喻自己束缚自己，用来形容自我禁锢、不求突破和发展。就业画地自限现象，是就业中自己束缚自己的就业空间，在就业内涵中就业愿望是一项对就业行为制约性最大的变量，包括大学生、家长各自的愿望。这种愿望一旦画限，就会产生僵化的想法。

例如，来自内蒙古的北京某所高校毕业生，在家长固执的压力下，想离开北京去外地就业而被斥责，造成心理上的伤害。大学生宁可无端地徘徊在人才市场，也固执地坚持愿望。家长抱着过去的人才"供不应求"的精英情结不放，不顾"供过于求"的现实而一意孤行。

3.认知问题刻板现象

刻板印象是指个人受社会影响而对某些人或事持稳定不变的看法。学校以有就业单位接收——签署协议——离校作为毕业的标志，并以此统计就业率。

用人单位以能胜任工作岗位要求为标准，设定"两年实践经验"的门槛。即使接收了大学生，在内心也是采取试用的态度进行观察考验，并没有在本质上将其作为人才来看待。大学生就业过程不是非黑即白状态，育人和用人双方的"各自为政"，在学校的就业与用人单位的就业之间形成一个灰色空间地带。大学生在这个地带中，处于"对付干着、四处看着、经常换着、内心厌着、回家盼着"等状态，对解决就业难问题，如果教育界和用人单位都坚持刻板意识，必然造就"就业盲流大军"。

4. 不被认可的就业现象

生活中很多也许能改变自身命运的就业，往往不被身边有传统观念的人认可，使得大学生受到难以承受的心理压力。如，学市场营销专业的大学生自己经营农产品就业；学电子技术专业的大学生自己开设电器维修柜台就业；学农业技术的大学生回乡发展现代农业；学护理专业的大学生就业做"现代保姆"等。这样的就业属于真正的就业，如果度过艰难的初始阶段，就可能会取得成功，这种成功的案例很多。但是，这类就业目前很难被大众认可。

5. 不觉委屈的就业现象

不觉委屈的就业现象是指在工作岗位上不能实现价值最大化，仅仅受名声好听，工作轻松表面现象所驱使，甚至出现不合理的求职行为。如，许多金融相关专业本科大学生进入银行，从事"窗口"服务工作；许多林业相关专业大学生纷纷拒绝去山区、郊外，即使进了市内公园，因为没有岗位而被安排"卖门票"；许多家长花费金钱托关系帮助安排所谓的"稳定工作"。这些事实上的委屈就业，往往被欣然接受。

6. 不敢为先的就业现象

从众一直是中国社会存在的典型现象，在大学生就业过程，这种现象依然存在。

从众是指群体成员在真实的或想象的群体压力下，其行为或信念上的改变，及其伴随的行为方式。很多毕业生在求职过程中会出现从众现象，如没有考虑到自身的职业能力和实际情况，一味向往到大城市或经济发达的地区工作，效仿他人成为"北漂"。就业从众实际上是对自己价值观和择业观模糊不清，随波逐流，找不到自己的方向。缺乏"量体裁衣"的求职意识，很容易把自己限制在狭窄的求职道路上，错失就业良机。

二、大学生创业概述

（一）创业的含义

创业就是创立基业、创立事业的意思。创业有广义和狭义之分。广义上的创业，泛指人类一切带有开拓意义的社会变革活动；狭义上的创业，专指社会上的个人或群体从头开始、白手起家，以发展经济实力为目的的社会经济活动。大学生创业特指大学生利用自己的知识、才能和技术，以自筹资金、技术入股、寻求合作等方式创立的经济实体，实现自食其力的社会活动。

（二）创业的主要类型

1.自主创业

自主创业又称独立创业，是指创业者个人或创业团队白手起家，创立经济实体。自主创业因为创业资产是个人的，决策一个人说了算，只对自己负责，有极大的自主性，可以充分发挥自己的创意，没有他人利益的牵制和限制。当然，自主创业这种形式会限制人的积极性，风险和压力也要由个人来承担。同时，企业的命运实际上是维系在个人的智慧、能力和健康上的，企业的创业规模和创业生存力也局限在个人的财力、物力和智能上。

2.家人联手创业

创业者与家人联手成立经济实体。这种形式在创业初期生存凝聚力很强，创业成功率也高，因为它在人力资源和财力资源的综合利用上，比起个人创业条件更充分一些。家人联手创业，创业初期因为资产微薄，主要矛盾是怎样生存下去而不太注意资产的归属，"一家人"的亲缘意识使得报酬问题往往被忽略或不便提及，故创业成本相对较低，创业凝聚力也很强。

当创业发展到中后期，企业生存已不成问题，企业资产开始增大，初期曾被忽略的资产分配、报酬的多少、权利的平衡以及随着企业的发展，人员素质组合要求的提高，这些都将成为家族企业内部矛盾的主要焦点。其解决的难点恰恰在于其以往赖以维系的亲缘性和忽略性。这时企业被迫形成两种选择：一种是为了维系家族关系而牺牲企业利益，企业发展从此停滞；第二种是为了维护企业利益而牺牲家族关系，家人从此关系受损或分道扬镳。因此，家人联手创业一开始就应该明晰产权，用规范化、市场化、法律化的措施来避免创业后期可能引发的隐形风险。

3.与他人合作创业

创业者与其他人合作创立经济实体，这种创业的成功基点在于创业人的才能组合、资源组合和性格互补等，其优势是在创业初期能以极低的成本积聚到创业所需的各类人才、信息资源和大笔的资金。世界上有许多著名大公司，创业之初都是同学、朋友合股合作的结果，像惠普公司、微软公司、苹果电脑公司等，国内的像乐百氏、教程波导、正泰等。

与他人合作和与亲人合作不同。与亲人合作主要靠亲情血缘凝聚，依赖的是"可靠性"和"亲缘性"。与他人主要靠资源凝聚，依赖的是"资源"和"契约"，一旦某资源消失，那么和某人的合作基础也就消失了。这就是与他人合股合作所带有的最鲜明的特征——交易性。这也是它的动力和活力的源泉，尤其是在创业初期，这种交易性表现得尤为突出。正是因为这种交易性，才促使合作者不断地去开发和丰富自己的资源，不断地发展自己。

4.加盟特许经营

特许经营这种生意模式目前在世界范围内十分流行。特许经营总部通常是凭借自己在生意上成功的经验，将自己的经营方式像复印机一样复制。特许经营的风险较低，能够实现合作双方的双赢，但选择适合的特许经营系统才是成功的关键。

第二节　大学生就业心理调适

一、大学生就业中的常见心理问题

经过大学阶段的学习，大学生即将走向职场，为自己的人生翻开新的一页。进入职场就业，既是对自身多年所学知识的检验，也是服务社会实现自我价值的直接表现。然而，在心理上应该做好就业准备，避免走弯路，本节对一些常见的就业心理问题予以梳理、介绍，以期使每个大学生都能顺利就业。

（一）固执心理

大学生经过几年的学习，希望用学到的专业知识服务社会。一些大学毕业生认为离开学校走向社会就能成为职场上的佼佼者。殊不知仅靠在校期间学的知识是远远不够的，实际上还要具备多种能力。这些同学固执地寻找与自身专业对口的工作，感觉从事了其他行业就浪费了所学知识像"英雄无用武之地"一样，但一味坚持自己原定的目标，忽视现实情况，使得可选择的范围变小，求职成功的概率也随之降低。出现固执心理的一个原因是不肯变通，须知很多专业在校所学知识面较窄，就业时会有看似专业不太对口，但实际并非完全知识浪费的情况。这是没有考虑实际社会需求，不考虑社会分工与专业的辩证关系的例子。另外，在某种程度上也体现出求职者自身的焦虑，担心自己不能胜任新的工作，在心理上既不想从事专业不对口的工作，又缺乏在新职业学习新知识、新技能的勇气。对于未来的发展也感到困惑，其实这样选择不是最佳的，就业选择要考虑社会需求和社会发展，而不仅仅是专业对口，即使专业对口程度稍差，你过去所学能帮助你学好新的知识，提高能力，同样可以有较好发展。

（二）怀才不遇

有些人自我感觉良好，感觉自己"学习成绩好，是个人才"，再加上在校期间成绩优秀，得过各级表彰奖励，曾经同学老师中颇多赞扬，便飘飘然。初始的毕业求职之际，还满心以为用人单位会对自己求贤若渴，礼贤下士。但结果竟然没找到一家合适的就业单位，于是开始抱怨社会待自己不公，没有为人才提供施展才华的舞台。这样的想法时间长了，就会导致自己的情绪低落，闷闷不乐，对招聘单位、对别人不满意等，反而因为自己心理问题出现较大落差，影响就业。

须知机会是给有准备的人准备的，一些同学在学习期间，重视理论学习，未考虑实际应用，致使在实践时面对社会才发现问题，自己空有理论，缺乏实际工作能力。还有一些学生对社会认识不足，期望别人把苦活累活都干了，给自己留下轻松又体面的任务，而实际上却正相反。要知道在学校只是学习了一些基础知识，就业后还要好好学习，都是需要从基础做起，然后才能一步一步走向成功，而不是凭借着好运气成为成功者，因为马到成功者少，水到渠成者多。只有正视自己，坚持从实际出发，才能对自我有准确定位，不把自己脆弱的自信与学历联系在一起，注重以社会实际和市场需要为导向，改正缺点提升短板，从普通工作做起，做好每一件小事，在职场中步步为营，才会有更好的发展。

（三）盲目从众心理

一些大学生在入学时就有盲目从众的心理倾向，而对自己认识不足，跟风报考专业，对自己的兴趣、性格特点及专业前景没能好好考虑，报考的是所谓的热门专业，等到就业时才发现该专业的毕业生已超过社会实际需要。

产生盲目从众心理的原因有以下几点：

（1）大学生对社会了解不多，缺少社会实践经验，从小学开始上课时主要就以校内学习为主，自主思考的问题很少，时间长了也就习惯了服从。等到高考报志愿和找工作时，缺乏考虑实际问题的意识和习惯所致。

（2）从众可以获得集体归属感，减轻自己内心不安。从众的人群越庞大，获得社会认可的可能性越大，被怀疑被批评的可能性越小。所以越庞大的群体越容易吸引新人加入。如街上新开的店铺排的队伍越长，从众的来排队的人就越多，即使旁边有一家出售相同产品的商店不用排队，也没人愿意去，因为"人越多说明质量越好"。就业时也是这样，大家都去北上广深发展，或者都去考公务员，那么即使自己原本这方面的愿望并不强烈，也可能为了内心的安定感而"随大流"，结果失去了更适合自身的机遇。

（四）急功近利心理

现在大学生在应聘时过于看重薪资收入和待遇，从而忽视了职位的工作内容和未来的发展前景。而收入和继续深造是现在大学生就业主要考虑的方向。当然，大学生关心收入多少固然是没有问题的，但完全用金钱来衡量人生的价值则显得过于狭隘了。大学生从校园毕业走向社会，不仅仅应具有奉献精神，还应将人生价值的其他方面纳入考虑的范围中，应努力消除目光短浅的贪利心理在个人职业选择中的不利影响。

（五）焦虑心理

焦虑是人们在社会生活环境中遇到造成心理压力的某种事物的一种不确定、

不安的情绪体验。出现焦虑的原因是感觉到自己无法应对外界环境的变化，或者对将来不确定的感受太强，因而心理压力过大。一些大学生希望继续生活在按部就班的环境中，这是因为很多人的学生时代就是在别人安排好的环境下走过每一天，已经习惯了这样安稳的生活，而即将到来的就业季，却随着时代的发展给予大学生更广阔的空间，大学生自主选择的范围更大，这也就成为焦虑的理由，因为"自由"本身就可能带来焦虑。社会学名著《逃避自由》中对此是这样叙述的：人对未知的世界怀有本能的恐惧，对看不见、摸不着的东西持有本能的怀疑，在"得不到"和"已拥有"之间往往更珍惜后者。[①] 因为最初找到的工作往往不如人意，想获得更理想的职位要依靠自己的奋斗，前路的不确定性会让一些心理承受能力差的同学不知所措，焦虑不安。

二、大学生就业时应具备的心理品质

（一）有主动的职业意向和强烈的求知欲望

部分大学生在上学时没有对自己的职业选择做规划，也没有对各种职业和岗位做过调查和了解，直到临近毕业才对找工作这个问题开始重视起来。但是其中的思考更多的是迫于形势的逼迫、家长的要求和同学的劝说，这部分大学生仍未能主动地将自己的职业前景进行规划。只有将被动的求职变成主动的、积极的人生愿望，才能完成从学生到社会人的变化。而被动地参与到工作中，也难以对工作提起兴趣和热情，很难得到单位的认可，不能得到良好的工作体验，会陷入不断换工作的恶性循环之中。

（二）具有恰当的抱负水平

恰当的抱负水平即给自己设定合理的目标。针对就业来说，就是从事某项工作之前明确自己今后期望达到的理想目标。恰当的目标有助于在自我激励中完成好工作，对自己的长期发展也是有益处的。恰当的目标应当是比自身现有水平稍高，即通过努力能够实现的目标。过高或过低的目标对自身发展不利，过高的目标难以实现，今后会产生较严重的挫败感，时间长了要么彻底放弃目标，要么让

[①] 埃里希·弗罗姆. 逃避自由 [M]. 北京：国际文化出版公司，2002.

人产生沮丧、灰心、失望等负面情绪，最终可能因心灰意冷自暴自弃，甚至产生严重的心理问题。而过低的目标则由于太过容易实现，不但令人难以产生满足感和自豪感，而且也失去了目标的激励意义，难以培养自信。恰当的抱负水平有助于大学生理性看待自己与社会的关系，树立良好的心态，维护心理健康，进行的职业选择也相对明智、正确。

（三）认识自我

由于每个人的气质、能力、性格方面存在差异，因此各自有不同的擅长的适合的工作。心理学研究发现，一个人自己所处的某个微环境的某些特点，也可能造成他对自己的认识不够客观。例如，周围同学都是身体健康、非常强壮的人，体质一般的人也会觉得自己的身体不错。所以正确客观地认识自己并不容易。当一个人感到对自己认识不清时，可试试采用以下办法。

（1）问问别人。同学眼中的自己很可能也不十分准确，但从集中若干人对你的印象当中，可以找到共同之处；除问同学之外还可以问问老师，老师具有教育学和心理学的专门知识，对你的认识会更准确。

（2）做做心理测量。心理测量可使你认识到自己心理的特质，可找心理老师或专业的心理咨询机构去做，也可购买正规的专业书籍，寻找测量工具进行简单自测，但不建议随意到网上去测。

（3）多读书，读好书。尤其是读一些历史或名人传记类的书籍，对于认识自我会有启发和帮助。

培养从事某个职业所需要的心理品质，是在对自己有了清晰和准确的认识之后，根据职业从业人员的要求，找到自己在专业知识、性格特点等方面存在的不足，抓紧时间进行学习和训练，不断提高自身水平以适应从事某职业的需要，其目的是使个人入职之后能够尽快胜任岗位工作。

三、大学生求职时应克服的心理问题

（一）力求稳妥的心理

一些即将走向社会的大学生在求职时考虑过多，既担心工作后别人对自己所选职业和岗位的不认可，又怕有些职业让自己没面子。在择业时顾虑重重，过于谨慎。但太过慎重会失去稍纵即逝的机会。另外，对个人来说，缺少应有的风险承受能力，也缺少年轻人的魄力，将影响今后个人竞争力的发展。还有的人希望一次求职就实现利益最大化，实现自己的全部理想，这种想法不够实际，在决策时会变得犹豫不决，难以取舍，不够果断，最终反而影响了自己的职业选择。这在心理上反映了一个人的意志力、决断力。在这方面，过于草率是盲目，而过于谨慎是缺乏魄力，缺乏果断性。

（二）盲目冲动

求职者迫于现在巨大的就业压力，在择业时受到情绪的影响十分严重，难以冷静下来去考虑适合自己的职位，对于所求职业缺乏了解，对自己的求职计划也考虑不周，更缺少后续方案。对招聘信息不能仔细进一步了解，以致最终作出错误选择。

（三）盲目自卑

部分大学生对自身缺乏正确的认识，只能看到自己的缺点和不足，不能发现自己的优势，因此性格较为自卑。他们不敢对自己的职业和职位设定目标，觉得自己不能胜任，故而也不敢去努力和尝试好的职业和职位。尤其在就业压力日渐加大的今天，竞争是他们所恐惧的，但他们又害怕求职遭遇失败，最终草草地找了一个职位，痛苦地工作着。

（四）盲目自信

一些大学生存在盲目自信心理，他们不能客观分析自我的现状，不能恰当评估自我与职业要求的差距，盲目自满。有的同学找工作时，不是名牌公司免谈；有的求职应聘时，提出过高的要求或过多的条件，结果给对方留下了自傲的印象，导致应聘失败；有的自我评价过高，进入工作单位后，总觉得不受重用，不甘于做基础性的工作，常常有怀才不遇之感，结果大事做不成，小事又做不来。在这个单位觉得屈才就跳到另一个单位，过一段时间仍然觉得不受重视，于是又跳槽。这样跳来跳去，总也找不到自己的位置。有的急于求成，缺少扎扎实实的努力，结果欲速则不达。

(五)盲目攀比

有些大学生由于不能正确认识自我,在进行职业规划时,不顾自己的实际情况,盲目和别人攀比。看到别人考研究生,明明知道自己的学习基础不行,但担心自己不考研会被别人看不起,于是盲目攀比别人,到处参加考研辅导班,埋头于考研复习之中,结果考研没有成功,也错过了为自己寻找适合的职业发展的机会。有的同学羡慕别人出国留学,不考虑自己是否适合,也千方百计地往国外跑。出国后,由于适应不了国外的生活和学习,只能中途退学回国。不但自我感觉挫败,而且回到国内后一切又要从头开始,相比其他同学,延误了职业发展的进程。有的同学看到别人去一些知名大公司应聘,自己也盲目追随,可是由于自己的条件不适合对方的需要,多次遭到拒聘。有的同学即使去了这样的公司,但很快发现那里的工作并不适合自己,只得跳槽再重新选择。盲目和别人攀比是缺乏对自己全面客观认识的表现。

四、大学生入职时应具备的能力

(一)忍耐力

大学生初入职场,带着一份热情投入到工作中,面对的可能却是有的人态度冷淡,或无动于衷,冷言冷语,此时应有一定的心理承受能力,不要一碰壁就唉声叹气,蔫头耷脑,一蹶不振。另外,也应分析产生这种情况的原因是什么,以便采取应对措施。一些大学生还存有学生时代的惯性,在学校时有同学的关心,老师的呵护,生活在一个团结友爱的大家庭中感觉比较愉快,但到了工作单位还希望找到这样的感觉。工作单位与学校不同,每个人都有自己的工作任务,每天忙忙碌碌,人与人之间时常还有利益冲突,人际关系也比较复杂。所以不但要习惯同事间情感更加淡漠,还要学会忍耐,不因别人的一个动作、一个表情、一句话而心生不满、耿耿于怀,而要寻找积极的方式来解决。有媒体报道,一些大学生因无法忍受别人对自己的不公平而负气离家出走,甚至自杀,给家人留下巨大伤痛,而让他这样做的原因都是一些日常小事,这都是心理脆弱、忍耐力差所导致的。只有老板看到你把这一份工作干得非常出色,才会放心把另一项难度更大的工作交给你,而你就实现了职位的变化,所以,这种积极心态即便是在工作不顺心时也应当具备。

训练自身的忍耐力也是十分重要的。例如像推销一类的工作，通常人们认为这些工作的完成不是因为忍耐力，而是靠人的心理品质。认为胜任推销工作的人最需要口才好、外向、善于交际等特点，忍耐力似乎对于胜任推销工作来说不是十分重要。但事实是，当你不论是通过打电话推销还是上门推销你的商品或服务的时候，被拒绝的情况会有很多，只有少数情况会出现对你的推销表现出感兴趣或是直接购买。如果你没有足够的忍耐力，就会被各种各样的拒绝所打击，进而感受到挫折，对工作也会失去热情。而这其实在实际工作中是很常见的，这种情况无论多好的推销员都会遇到，只要你在心理上做好准备，拥有足够的忍耐力，就不会觉得这算什么问题。

（二）专注于工作的专注力

在社会分工愈发精细的当下，无论做哪项工作，最基本的要求都是要专注于工作本身，这同样也是保证高质量完成工作的前提。然而在通信技术发达的当下社会中，人与人的联系变得十分便捷，只需要用手轻轻一点，这也造成了人们在专心工作时总会有被各种信息来打扰。导致无法心无旁骛地工作。但一旦开始工作，不论你有多少责任和杂事，都需要快速进入工作状态，专心致志，排除杂念，消除紧张或担心。而想要全身心地投入到工作中避免纷杂信息的打扰，可以在必要时将手机、电脑等通信设备放在远处或暂时关闭。做事的基本要求是能自控，所以如果觉得自己自控力不足，专注做某事比较困难，可通过注意力训练的方式，让心理老师帮助自己提高自控能力。

（三）亲和力与微笑

现代社会与人合作非常重要，因为很少有某项工作是靠一个人独自完成的。实现团队合作，对个人来说需要亲和力，具体说就是要能够与人交往、沟通、配合。初到一个单位，你可能叫不出每个人的名字，也可能不知道他的职务，但微笑可以让你给别人留下好印象，一句简单的"你好"，或点头致意，都表明你对别人的尊重，表明你有和别人进一步沟通的愿望。一些大学生在学校时不习惯和不熟悉的人打招呼，这样其实不好，会让别人觉得这个人太"高冷"，难以接近。但是有一些人习惯用不同寻常的方式打招呼，在不了解他的人看来可能又不太礼貌了，也需要注意。单位中各年龄段的人都有，每个人的性格、习惯和与之熟悉程度不同，一般来说，普通、常规的方式反而是合适的，也更能显示出你的内涵和修养。

（四）发现机遇和把握机遇的能力

新入职大学生需要着重培养自己发现机遇的能力，因为工作后每天在完成自己或大量或困难的工作任务时，发现解决问题的机遇对于工作的完成是非常重要，而这机遇又是稍纵即逝的，所以要注意培养这方面的能力。需要注意以下几点：

（1）不断提高专业水平。机会总是青睐有准备的人，拥有高超的专业技能，不仅能让你准确快速地解决业务问题，还能让你发现在这纷繁复杂的工作中那稍纵即逝的机遇。同样领导也愿意把机会留给业务好的员工。因此，要想在工作中解决难题，发现机遇，取得成功，就要不断提高自身专业水平，拥有较高的专业技能水准。

（2）多和前辈交流。工作单位里的同事虽年龄各有差异，但有的同事因其入行早，工作久，拥有较为丰富的工作经验，工作效率更高。刚入职的年轻人应该向那些愿意提携后辈的老员工虚心请教，一定会获得不小的收获。一些大学生认为老员工学历不高，甚至有的老员工只有中等学历，认为这样的前辈没有教自己的能力。这样的想法是错误的，学历高低不代表能力的大小，一纸文凭是无法换来多年积累的工作经验的，大学生不要骄傲自满，要虚心求教，只有重视实践，才能获得不断提高。

（3）踏实工作。基层岗位是每个新入职的员工的起点，要想成为一名合格的员工，这是十分重要的一步。一些人认为简单琐碎的基层工作是不能发挥其所学知识和技能的。然而，基层工作的经历和经验，是做好高级专业的工作或者管理工作的基础。

（4）适当的自我推荐。当合适的机会摆在你面前时可以进行自我推荐，而且应有积极向上和自信的良好心理状态，但要注意，要用事实依据说明你的水平，事实能为你提供这份自信，自荐时要尽量阐述实际内容以及切实可行的独到见解，切忌空洞、虚假。

（五）口才

口才是大学生走向社会应具备的重要能力。具体包括以下几个方面：

（1）敢于表达。能在公众场合或陌生人面前放松、自然地进行表达，这是很多大学生的必修课。大学四年的集体生活让大家认识了许多新朋友，拓展了视野，但一些人的口才并未得到较好的锻炼，在熟人面前表达时非常愉快、自然，在宿舍里谈笑风生，等到全班同学面前讲话时就非常困难了，说话声音变得非常小或是准备好的词一下子都忘了，这样的同学，需要尽快鼓足勇气，锻炼好口才。

（2）善于表达。一些同学在表达时表现为内容拖沓，层次不清，重点不突出，或观点不鲜明。一些同学语气、动作表情与语言不够协调，内容表达和情感表达都不清晰，这都需要加强练习，尽快提高。

口才欠佳的大学生应加强训练自己的思考能力、逻辑推理能力。另外，注意发音、语速等，吐字清晰准确，要注意使用普通话。曾经有同学普通话没有说好，影响了自己很多的就业机会和发展，应该引起重视。

五、应聘前的准备

用人单位可能会收到很多的求职简历或求职信，而想要使他们注意到自己，除了简历中个人信息外，其他内容也是非常重要的。

（1）详略得当。要简明清楚地将个人信息、成绩等内容在简历上呈现出来，让人很容易就能看明白。

（2）要学会展现自己的特点，在个人自述时要突出自己的风格，同时尽量展现自己的优点，但仍要按照自己的实际情况，不能夸大其词。

（3）想要获得应聘的成功，要在简历上说明自己适合招聘岗位的理由，如在个人性格特点、学习经历、社会支持系统等方面的优势。

写好求职信和简历只是取得面试机会的第一步，在面试中还有一些细节应当注意。比如面试时应当准时到场，不要迟到。穿戴要合适，最好是正装出席。进入考场要先敲门经过考官同意再进入。入场后向考官们问好，考试过程中不要东倒西歪，保持端正的坐姿。最后，无论自己对面试问题回答得好或不好，都要在离场前对考官们礼貌告辞等。

第三节　大学生创业心理指导

一、大学生创业常见的心理问题

（一）有创业意向的大学生创业常见的心理问题

现在的大学生大都是独生子女，成长过程中受到家庭的细致呵护，很少经历一些重大的挫折。因此，要注意在创业方面可能存在的心理问题。比如缺乏创业个性与心理品质，遇到困难时坚持到底的进取心略显不足，有时还会三心二意，自控能力不强，做事的忍耐力也需要增强，对自身事业不够坚定，遇到挫折容易轻言放弃，对工作厌烦时，缺乏坚持到底的决心，独立面对生活的能力不足，对生活、工作中出现的困难没有足够的勇气和信心去挑战，对国家、社会、家庭的等、靠、要等依附心理较重。

而当代大学生在创业时出现的创业精神不足、热情不高、或浅尝辄止的问题多数是受到上文这些因素的影响。同时，大学生对于创业本身也存在一定的认知偏差。如，认为创业有着很大的风险、成功的概率很低，害怕面对挫折和失败带来的后果；认为找不到工作才会选择创业，创业是一件不太有面子的事；认为自己缺乏创业的天赋，自己与创业根本无缘；认为原来所学专业知识对创业没有帮助，不能学以致用等。因此，大多数的学生需要对创业心理进行一番教育和学习。培养独立自主、拒绝依附的创业精神，明白只有通过付出才能收获成长，提升自己面对挫折的抗压能力、学会对自己的情绪进行调节、增强对各种环境的心理适应能力，让自己变得更加有决心、有毅力、有耐心、不怕困难，增强自控能力等较强的创业意志品质，同时利用科学系统的创业教育课程，把自己错误的创业认知偏差进行纠正，让自己的创业知识能力逐步完善。

（二）已创业大学生常见的心理问题

在踏上创业之路后，大学生们还会遇到诸多自己难以想象的困难与阻力。例如缺乏创业的资金和环境、对经营目标的定位不够准确，市场走向难以把控等。

宋洪霞就根据自己的发现，对当代大学生创业中遇到的问题进行了排序：先是创业资金不足；再是必要的实践能力和经营管理经验不足以应付创业需要，没有必要的社会关系和人脉来支撑创业，有效的融资渠道也相当匮乏；对创业道路上存在的困难缺乏清醒的认识，盲目乐观、好高骛远，心理期望值过高而心理承受能力不高，导致遇到困难容易半途而废；等等。当大学生面对这些问题时，不知所措、悲观沮丧等心理问题就会纷纷出现。经调查分析，认知、情绪、意志和行为这四个方面是大学生创业时心理问题的主要表现形式。

1. 认知问题

大学生由于对创业本身缺乏足够清晰的认识和了解，并且也没有对自己作出正确的认识和评价，因此会有各种心理问题凸显出来。同时也因为没有清楚地认识到创业的艰难和复杂程度，不清楚创业成功需要什么样的能力和素质，导致大学生盲目地进入市场，很轻易就造成了失败的结果。而缺乏对自我的正确认识，就会产生自卑或自负的心理。自负的人在做事情时缺少对他人感受的考虑，待人接物较为冷淡，与团队成员的相处将会遭遇很大的麻烦，最终成为一个孤家寡人，导致失败的结果。个别大学生在遇到挫折之后又转向另一个极端，即自卑，他们会对自己一味地贬低，缺乏做事的信心。这样会使自己的情绪变得十分严重，如悲观、胆怯、孤僻、忧郁等。

2. 情绪问题

一个人调控情绪能力的高低对其综合素质的考量有着重要的作用，具备较强的情绪调控能力是大部分成功者的优良品质。把情绪带入工作和生活，会让人更易冲动，理智也会随之降低。初次创业的大学生容易出现紧张、焦虑、忧郁、恐惧、麻木等不良情绪。结果的不确定性会造成焦虑的产生，尤其是当一个人缺乏自信的时候，通常会表现出头冒虚汗、心慌意乱、火气过旺、难以冷静地处理事情。情绪抑郁、多愁善感、好猜疑、将困难夸大、精神萎靡和自怨自艾，严重时内心会十分会苦恼，甚至出现悲观厌世的情绪，这些都是忧郁的主要表现。当自己认为无法解决眼前的困难时，一种消极的心理状态就会产生，这就是恐惧，它会使一个人的能力受到严重影响。麻木是由于多次出现类似的刺激，个体所产生的反应过分迟钝，无力应对甚至不愿应对的状态。初次创业的大学生，面对来自政府、家庭、客户、同事等各种渠道汇集而来的纷繁复杂信息，以及多方的利益冲突，自身缺少相关的经历和实践，难以有效解决。此时，各种消极情绪就会因这巨大的压力纷纷出现，其身心状态将受到严重干扰，其综合能力和临场发挥水平也会受到巨大的影响，工作绩效也会降低。同时这些消极情绪还会使他人也受到影响，这对创业来说可谓大忌。因此，学会调控自己的情绪是大学生创业期间需重视的一项技能，让不良的情绪尽可能避免，防止创业的进程受到阻碍，而且能经常使自己的情绪调整至最佳状态，也有利于自己事业的发展。

3.意志问题

良好的意志品质是创业过程中克服诸多矛盾与困难的必要条件。然而对近几年涉足自主创业的大学毕业生进行观察可以得出，拥有这样的意志的创业者仍是少数。抗压能力差、逆商不高、耐力不足、"三天打鱼两天晒网"等都是意志方面问题的主要表现。在创业的起步阶段，工作千头万绪，往往需要加班加点，人手也不足，创业者需要一人承担多项工作，导致身体十分疲惫，不能适应。刚刚步入社会的大学生创业者在与社会上的各色人物打交道的时候往往会力不从心，碰壁也是司空见惯的事。大学生一旦遇到挫折往往容易心灰意冷、半途而废。

4.行为问题

创业者在创业过程中常出现目标不确定、朝令夕改、过于追求速度、盲目冲动、前怕狼后怕虎、强迫性等行为问题。紧跟时代潮流、追求表达个性的"00后"目前占据大学生群体的大多数，他们的目标容易受到社会各种声音的影响，从而发生变化，做事不能持之以恒、目标多变、朝令夕改是这种性格的创业者容易出现的行为问题。他们在延迟满足这一方面没有养成习惯，在有了认为不错的创意时往往想要立刻实现，急于求成，做考虑欠周全从这里也可以体现出来。当有些重大的决策需要创业者面对时，他们又会表现出畏首畏尾、强迫性重复行为的问题。这类问题经常表现出，为考虑多方的利益而无法下决定，不断询问别人的看法，犹豫再三或者面临抉择的时候强迫自己反复去思考，权衡利弊，迟迟不能作决定，以至于错失良机。

二、大学生创业心理辅导

(一)大学生创业心理自助

1.创业心理自我测试

很多人都有过独自创业或者合作创业的梦想,但是,不能只是做梦,还要结合实际,在创业开始前问问自己是否适合创业。"创业态度测试"和"创业特质测试"分别从不同的层面对被试者进行判断,被试者在回答完这些问题后就知道自己是否能在激烈的竞争中脱颖而出,闯出一番自己的事业。

2.创业心理自助策略

(1)调整思路,寻找创业突破口

创业方向是那些已经决定要开始创业的大学生首先要考虑的问题。大多数学生接受的教育是传统教育,传统教育对学生的思路和创新的启发普遍不足。因此,思维习惯是大学生在创业初期最需要训练的项目。澳大利亚作家朗达·拜恩在其著作《秘密》中指出:"思想是具有磁性的,有着某种频率。当你思考时,那些思想就会发送到宇宙中,他们会像磁铁般,吸引所有相同频率的同类事物。所有发出的思想,都会回到源头。那个源头,就是你。""你是一个人体发射台,而且比世上任何电视发射台都更强有力。……借由你的思想而传送的画面,可不是客厅电视机里的影像,而是你的生命画面!……"[1]那么成功者在思维方式上与一般人有什么不同?拿破仑·希尔从上千名成功人士的经历中总结出一个共同点——勤于思考以下三个问题:

"这是一种方法,还有其他的方法吗?还有吗?"

"如果这样做,在什么时候会有什么样的结果?"

"我这样做,别人会有什么样的感受?"

这三个问题可以帮助创业者进行日常的创业思维训练。经常思考这些问题,就会找到创业的起点。这三个问题对创业者从不同层面进行训练,第一个问题对拓宽创业思路大有裨益,创业者如果经常在创业过程中询问自己这个问题,就可以让自己的发散性思维得到开发,使其更富于创造性。在对大脑进行此类训练时

---

[1] 朗达·拜恩.秘密[M].北京:中国城市出版社.2008.

要注意不能评判刚刚提出的想法，尽管那个想法可能过于新奇、空洞、不切实际，这些都不要紧，主要的目的就是训练发散思维。

第二个问题可以增强创业人员的计划性和操纵风险的能力，要对自己经常提问，要对自己的决定带来的最终结果或收益有及时的预想，并凭此对自己先前的行为做出校正。这样就可以尽力避免创业过程中不必要的麻烦和冲突，从而培养自己三思而后行的习惯。

第三个问题可以让创业者形成以顾客为中心的思考习惯，为顾客提供更加贴心周到的服务，将自己的事业做大做强。同时善于为他人思考，还有利于创业团队成员关系的协调，只有同舟共济、同甘共苦的创业团队才能取得创业的最终胜利。经常思考这三个问题，能够让自己的事业发展更上一层楼，让自己的思维方式也能发生改变。

（2）学会情绪管理，创业路上快乐行

一个人整体状态和生活会受到情绪的影响。因此，学会管理情绪，能够让创业人员在进行创业时更加积极乐观，能够让自己的潜能更加全面地被挖掘出来，实现超越自我的目标，实现自我价值。然而，管理情绪不是那么容易做到的，起码应该正确认识情绪管理。管理情绪并不是意味着没有情绪，但需要我们找到情绪发生的原因，并找好不良的情绪发泄的渠道。那么，如何对情绪进行正确的管理呢？

首先，要对情绪进行正确的认识和接纳。任何一种情绪都不是凭空而来的，都体现了客观事物对人的影响。无论积极与否，认识它是我们率先要做的，允许对其存在并接纳，然后才能减少情绪的影响，更好地管理情绪。被情绪牵着鼻子走的人大多是对情绪的存在缺乏足够的认识，或者认识到了但不承认不接纳其存在，对情绪拼命压制，逼迫情绪消失。其实，情绪也是一种能量，好似一个充了气的气球，认识情绪、了解情绪就可以发现情绪这个"气球"的开口，接纳它就相当于给气球放气，让负面能量找到个宣泄口；抵制它、压抑它、逼迫它消失就相当于给气球加压，导致内心的压力越来越大，最终当情绪这个"气球"被压爆，负面能量一下子爆发出来（大发脾气），将会给你自己和身边的人带来不好的结果，比如造成人际关系的紧张和恶化、导致重要事情的不能获得成功等。因此，要学会体察自己的情绪，了解这是一种什么样的情绪，然后接纳并肯定其存在，如此，情绪管理的第一步就做好了。

第二，学会分析，引导情绪。对自己的情绪有了一定的认识和了解后，还要试着去分析这种情绪产生的影响以及调整的方法。我们要及时发现并纠正不合理的想法，将消极悲观的情绪用积极乐观的情绪来代替。如表8-1所示是在创业过程中常见的一些不合理想法及其校正策略。[1]

表8-1　部分不合理想法及其矫正示例

导致负面情绪的想法	促使积极情绪的想法
"应该" 我应该是全能的，创业必须成功，否则我就很失败。我没能力，是一个彻底的笨蛋	"希望" 我希望自己有创业的竞争力，我可以通过不断学习和提高自己，变得越来越强
"不可能" 我好几次创业都失败了，我不可能再走创业这条路了	"暂时还没有找到方法" 以前创业不顺利，的确有些麻烦。但是这并不代表我不能创业，只是暂时没有找到方法而已
"根本没有办法" 我没有创业经验，性格也内向，根本没有办法创业	"是个挑战" 我没有创业经验，性格也内向，创业对我来说是个很大的挑战，我会更努力、更成功的
"永远如此" 我创业一直不顺利，生意恐怕永远都好不起来了	"到目前为止" 我创业一直不顺利，但这只代表以前。我的生意会好起来的，我一定会找到办法
"气死我了" 办营业执照的手续太麻烦了，他们故意刁难我，气死我了	"我生气" 办营业执照的手续多，太麻烦，的确令人不快，我很生他们的气，但一切终究会过去的

创业者应当如何在创业的过程中对不良情绪进行调整呢？我们可以询问自己三个问题：

第一，事情的起因是什么——是外部的原因还是内部的原因？

第二，这件事对我的影响有多大——是局部的还是全局的？

第三，它的影响延续多长时间——是短期的还是长期的？

凡是对这三个问题的回答都选后者的，即认为不良事情源于自己内部，对自己具有全面性、永久性的影响的人，那么压抑、消极的情绪对创业者有着很大的影响，甚至会出现轻微的病症。当然对自己的错误予以忽视，过分乐观地对待也不是正确的做法。但经过对事情进行这三方面的思考，有助于我们清除消极的情绪，客观地寻找到理性的解决办法。

（3）把握主客观条件优势，寻求创业捷径

创业者要保持思路清晰、合理，同时要把握好自己的主客观条件和优势。这样才能充分发挥人的才能，提高办公效率。自己的兴趣、特长、个性等自身因素在这里指的是主观条件，所要涉足行业的状况和要求就是客观条件。创业者要全

---

[1] 朱利安·泰普林，孙威.创业其实并不难创业人员心理和技术辅导[M].北京：科学出版社，2008.

面考察将要涉足的行业，对行业所需要的关键能力和重要的成功因素，要有一个清晰的认识，这样才能确立自己追求的目标。明确自己的兴趣和特长对于创业人员来说并不是问题，问题在于如何在创业过程中将二者更好地结合使用。而那些对于自己气质、性格等个性特征的把握都不能有清楚地认识的人，更不可能知道自己需要找到什么样的职业。

一般来说，自己的兴趣都是自己喜欢的事情，但那也不尽然是自己擅长的事。大多数学生都是通过主观想象和道听途说来理解和认识各行各业的。对于自身的特长和个性特征，他们也是通过在学校生活中的各种实践得以了解的，这些认识局限性都非常大，对创业行为缺乏有效的指导作用。创业倾向性测试，可以帮助我们对自己的主观优势有一个更加清晰的认识。

通过上面的步骤创业者可能认识到了什么样的行业适合自己。那么下一步就要创业项目中寻找适合自己的。有些项目很好，但对你来说不合适或者不可能，有的创业项目合适但又处在夕阳阶段。倘若创业者无法满足自己的第一志愿，那么可以在第二志愿、第三志愿……中依次选择。当创业者在看到自己的项目列表时，也许会产生这样的问题：有的创业项目不错，但实现起来非常具有挑战性，这时创业者就需要分析自己可以面对哪些挑战，哪些要放过。创业者挑战自己当然是允许的，但不能因此支付过高的代价。

（4）在生活实践中培养综合心理品质，为创业保驾护航

上帝或别人是无法决定你自己的综合心理品质，这是后天形成的。良好的综合心理素质是能通过正确的方法锤炼出来的。在生活中要注意从以下几个方面入手来培养：①

第一，通过自我暗示的方法，建立自己的创业心理品质并强化。要注意创业之路不应当被"做得到"或"做不到"这两种极端的想法所阻碍。而是常想"我做得到""我能行"这样的话，调动起潜意识的积极一面，让自己充满自信和干劲，坚信并反复默念这个信条，就可以使人们的创业欲望激发出来。反之，则会让人消极、低沉，创业的欲望也会被浇灭。因此，一定要将"做不到""我不行"等消极的意念坚决摒弃，这样才能更好地陶冶自身的心理品质，同时也是吸引力法则的要求。

第二，创业心理品质的形成需要利用局部成功和榜样力量。创业者要学会善

---

① 孔波.创业心理品质的特征探析[J].科技创业月刊，2008（05）：134-135.

待自己，适当地给予自己一些"宽容"。要拥有一双善于发现人们的进步和优点的眼睛，用鼓励去抵抗自己的消极思想，积小胜为大胜。自古以来，无数大事的成功都是一件件小事做得好才成就的，大的业绩也是一样。从现在大学生创业的角度来说，创业者的资金积累就是通过局部的成功积攒起来的。在创业路上，创业者也收获了迈向成功的经验，养成了积极的心态。而寻找榜样的力量也能够帮助自己打开成功的大门，学习创业的榜样来激励自己形成完善的心理品质。

第三，在良性的竞争环境中完善创业心理品质。在现在这个充满竞争和挑战的社会中，创业者们要敢于将自己的优势长处展示出来。对各种创业机会都去努力把握，做一个敢想、敢做、敢闯的创业者，要大胆地争取机会，在创业准备期多从事几种职业，在创业初始期多参与几次竞争，并在其中总结和积累经验教训，找到创业的自信和乐趣，将孤僻、怯懦等心理弱点尽皆克服。

第四，要想创业成功需要培养积极的心理状态。创业的过程充满了挑战，对创业者心理状态的要求也比较高。除去之前提到的调适心理的各种方法，大学生还要注意培养自信力和自主能力，多分享创业的收获，不去嫉妒他人的成果，敢于面对挫折，接受失败，多加强自信训练、团队训练、挫折应对训练、创新训练等。对于大学生创业者来说，这个日新月异的信息时代带来了更多、更新和更大的挑战和机遇，他们要学会审时度势，把握机会，凭借过硬的心理素质从创业实践中杀出重围，实现自己的理想和价值。

（二）大学生创业心理咨询

大学生创业教育包含了大学生创业心理教育，创业心理教育与大学生创业教育在很多方面都是一致的。在此，仅就创业心理教育中比较突出的教育方式和教育内容进行简要论述。

从教育途径来看，创业心理辅导比较突出的有专题创业心理沙龙、专题心理工作坊、系统专题团体心理辅导（心理训练）、个体心理咨询、朋辈心理互助、榜样引导等。从教育内容来看，创业心理教育主要包括社交人际沟通能力辅导、创新能力培养、意志品质训练、心理适应能力辅导、自我效能感训练、团队管理能力训练、领导能力培养、信息处理能力锻炼等。不同的途径可以实现不同的教育内容。

1.专题创业心理沙龙与工作坊

所谓专题创业心理沙龙的"专题"是创新创业领域的内容作为主要的培训方向，如创新、独立、沟通应变、团队合作、领导管理、挫折应对、意志锻炼等专门培养创业相关能力和素质的专题。接下来我们的心理辅导形式介绍将从心理沙龙和工作坊这两种形式进行。

（1）专题心理沙龙

"沙龙"是法语"Salon"一词的译音。"沙龙"一词起源于17世纪的巴黎，当地的名人（多半是名媛贵妇）常把客厅变成著名的社交场所，后来，"沙龙"便成为这种形式聚会的代称，并在欧美各国文化界风靡起来。沙龙一般是在晚上定期举行，与会的人数不是很多，在一个小圈子里，人们三三两两，自由结合，自由谈论，各自表达意见，其间的氛围是较为轻松自由的。

本处讨论的创业心理沙龙，主要是由校园内对创业感兴趣的学生、有过创业经历的学生、创业成功的企业家等共同组成的。他们常以创业灵感大盘点、创业的风险规避、创业团队管理以及营销策略、人际沟通、管理激励的运用、相关法规的探讨等与创业直接或间接相关的话题进行讨论。

（2）专题心理工作坊

心理工作坊的工作形式是咨询师或者主持人与参与者以一对多的方式，通过人际互动与讲座相结合的形式进行培训。工作坊面向大众开展，希望使参与者能够实现自我成长、自我完善。工作坊常会开展一些如相互倾诉、解决问题、表演戏剧等的具体活动，加强成员之间联系的紧密性，达到分享共同体验，重新认识自我，进而实现自我成长的目的。工作坊一般规模是10~15人，教育性质工作坊可达到几十人甚至几百人之多。工作坊一般会在一段相对集中的时间开展活动（如2~3个小时或一天），而且活动是集中地有针对性地进行。其中以2~3小时的活动时间的短程工作坊最为常见。一个完善的工作坊会将其团体的详尽概况，包括团体的目标、成员间关系的预期、主持者的资格、团体活动的内容等告知参与者，同时也会将参与工作坊的潜在风险告知参与者，提醒参与者慎重参加工作坊。

工作坊的实施过程具体可以分为四个阶段。第一阶段是春季，主要是利用如滑稽体操、相互模仿等各种游戏活动促进参与者相互交流沟通，认识彼此，为下一阶段的敞开心扉打下基础。第一阶段就是播下种子等待发芽的春季。第二阶段是夏季，需要给成员间的关系进行浇水、施肥、除草等守护性工作，在这个阶段每个成员既是庄稼，也是农夫，大家敞开心扉，共同面对问题，每个成员将自己的问题说出来，供大家一起分析讨论，为解决问题共同出谋划策，最终促使各个组员之间相互支持、相互帮助、共同成长。第三个阶段就是收获的秋季，成员的关系在感动中继续深化，关系愈加和谐，这时工作坊的作用就发挥出来了，大家的情感会在一种安全、开放、接纳、相互关爱的气氛中得到抚慰，主持者也会在现场引导大家进行讨论和练习，从而使自我认识、自我发现和自我调节的目标得以实现。第四个阶段就是冬季，是工作坊的最后一个阶段，像雪天围炉而坐那样，大家围在一起将参与工作坊的成功感受以及未来生活中的计划和期望彼此分享出来，最后，每个成员都带着成功的感受离开。

常见的创业心理工作坊，大都是对创业相关能力素质培养的专题训练，如创新品质培养工作坊、自信心锻炼工作坊、自我潜能挖掘工作坊、人际沟通工作坊等。

2.系列团体心理辅导

所谓团体是指在一定的目标指引下，通过成员之间的互动，满足成员一定的心理需求的组织。团体心理辅导又称团体心理咨询，是相对于一对一的个体心理辅导而言的，是一种在团体情景下提供心理援助与指导的咨询形式。一般由领导者根据成员问题的相似性或成员自发组成课题小组，通过共同商讨、训练、引导，解决成员共同的发展问题或共有的心理问题。[①] 团体成员一般通过公开招募的形式召集，往往还会有一定的筛查面试来确保团体成员的同质性。人数一般在20~30人，一般活动6~7次，每次两个小时左右。一般以团体心理活动贯穿心理讲座、心理分享活动等的形式展开具体辅导。其中团体心理活动，一般通过形式多样的互动游戏（如角色扮演、团体竞赛等），促使学生自我表现、相互观察，科学有效地创设一种"身临其境"或"心临其境"的体验氛围。在这种氛围中教师和学生成为共同的参与者和探索者，学生主动自觉地通过"体验""内省"和"观察"来实现自主选择、自主判断、自主归纳，从而在认知情感和态度等各个层面上增强创业动机，提升思维和行为的合理性、有效性，一定程度上形成有利于创业活动的个性心理。团体心理辅导与个体心理辅导相比具有感染力强、效率高、效果容易巩固、特别适用于人际关系适应不良的人。

---

① 刘勇.团体心理辅导与训练[M].广州：中山大学出版社，2007.

3.个体心理咨询

个体心理咨询活动是分析创业过程中出现的心理问题，进行咨询指导，帮其自助。这需要学生对自己当前的问题有较好的认识并有较强的解决问题的欲望和求助欲望，主动来学校的心理咨询中心或创业指导中心寻求帮助。一般以一对一面对面的方式进行，咨询师通过反应、影响、心理测试、扰动、面质等各种心理助人技术，并借助认知矫正、行为塑造、情绪管理、积极关注等各种心理疗法，协助来访者对其当前困境进行引导，帮助其度过心理危机并达到一定程度的自我成长的目的。通过这种方式，指导大学生学会以适当的方式排遣内心的不良情绪，学会自我调适，达到内心平衡的状态，帮助大学生在创业教育或创业实践的过程中解除心理困惑和心理障碍，协助大学生改进不合理的认知模式，确立辩证的思维方式，维护和增进学生创业心理行为的健康发展，构建完善个性。[①]

[①] 董红燕，徐双俊.大学生创业心理品质探究 [J].阜阳师范学院学报（社会科学版），2008（03）：113-115，124.

参考文献

[1] 孙宁.大学生就业心理问题及对策研究[J].现代商贸工业,2022,43(07):78-80.

[2] 吴京育.疫情常态化下大学生心理危机干预研究[J].菏泽学院学报,2022,44(01):72-75.

[3] 谭佼.大学生心理危机防范和快速反应机制研究[J].产业与科技论坛,2022,21(01):287-288.

[4] 孙琳娜.大学生人际交往困扰及对策研究[J].公关世界,2021(16):61-62.

[5] 杨咪,李怡菲."00后"大学生恋爱心理初探[J].江西电力职业技术学院学报,2021,34(06):78-79.

[6] 赵飞,胡建林,张会芳,等.大学生人际交往能力培养探析[J].文化创新比较研究,2021,5(18):57-60.

[7] 吴伟伟,许群.高校心理健康教育工作的问题及对策研究[J].大学,2021(17):141-144.

[8] 马富春.高校大学生人际交往存在的问题及解决对策[J].国际公关,2021(03):126-127.

[9] 王译萱.新时代大学生网络心理健康教育研究[J].赤峰学院学报(自然科学版),2021,37(01):102-106.

[10] 游思韬.高校心理健康教育中存在的问题及对策分析[J].教育观察,2021,10(01):61-63.

[11] 贲志雯,眭国荣.高校加强大学生情绪管理的意义和实现路径[J].开封文化艺术职业学院学报,2020,40(11):83-84.

[12] 陈筱.新形势下提升大学生创新创业心理素质的途径研究[J].中国多媒体与网络教学学报(上旬刊),2020(11):153-155.

[13] 杨新宇.大学生创业心理素质培养路径探究[J].江西电力职业技术学院学报,2020,33(10):111-112.

[14] 姜新东.大学生自我意识的迷失与引导探源[J].思想政治教育研究,2020,36(05):112-116.

[15] 尹涛. 大学生恋爱中存在的心理问题及对策研究 [J]. 教育教学论坛，2020（43）：96-97.

[16] 韩宜. 高校大学生心理危机的干预策略探讨 [J]. 文化创新比较研究，2020，4（27）：43-45.

[17] 徐晓飞，张玉强. 大学生身体自我意识情绪研究初探 [J]. 牡丹江师范学院学报（社会科学版），2020（03）：102-108.

[18] 孙莹. 关于大学生网络心理健康教育研究 [J]. 传播力研究，2020，4（18）：183-184.

[19] 许婷. 高校大学生心理咨询现状及对策 [J]. 国际公关，2020（04）：111-112.

[20] 李清敏. 新形势下高校大学生就业心理困境及对策研究 [J]. 产业与科技论坛，2020，19（07）：283-284.

[21] 周方道，王译萱. 大学生网络心理问题的疏导方法及途径 [J]. 渤海大学学报（哲学社会科学版），2020，42（02）：136-140.

[22] 李婷婷，谢丽君. 当代大学生情绪管理问题及对策 [J]. 延边教育学院学报，2019，33（06）：97-99.

[23] 赵家瑶. 高校心理健康教育发展趋势探析 [J]. 艺术科技，2019，32（11）：234.

[24] 段士爱. 大学生心理咨询中常见心理问题及其处理对策 [J]. 智库时代，2019（30）：86—90.

[25] 苏艳芳，庞晋雁，李明进，等. 大学生网络心理健康现状及应对策略 [J]. 智库时代，2019（14）：74—80.

[26] 梁英豪，周莉. 大学生人际交往、幽默感与适应的关系 [J]. 乐山师范学院学报，2018，33（12）：102—105.

[27] 黄晓林，张淑华. 大学生恋爱价值观调查研究 [J]. 中国多媒体与网络教学学报（上旬刊），2018（09）：177—179.

[28] 崔政坤. 大学生性认知和性行为的调查研究 [J]. 中国性科学，2018，27（01）：137—140.

[29] 余凤琼，王健. 大学生心理健康教育之健全自我意识的培养 [J]. 科教导刊（下旬），2016（06）：162—163.

[30] 赵静，成冠弟，田仲旻. 浅析大学生情绪管理 [J]. 改革与开放，2009（04）：197—198.